Two week loan

Please return on or before the last
date stamped below.
Charges are made for late return.

CARDIFF UNIVERSITY LIBRARIES, PO BOX 430, CARDIFF CF1 3XT

LF 114/0796

ABHANDLUNGEN ZUR KUNST-, MUSIK- UND
LITERATURWISSENSCHAFT, BAND 103

ADALBERT STIFTER

EINE LITERATURPSYCHOLOGISCHE UNTERSUCHUNG
SEINER ERZÄHLUNGEN

VON MICHAEL KAISER

1971

BOUVIER VERLAG HERBERT GRUNDMANN · BONN

ISBN 3 416 00707 7

INHALT

VORBEMERKUNG

Eine Literaturpsychologie als Forschungsrichtung der Literaturwissenschaft gibt es bisher in Deutschland nicht. Als Zweig der Psychologie, insbesondere der Psychoanalyse und der Kulturanthropolo-
gie, vermochte sie sich vor ihrer Unterdrückung durch den National-
sozialismus nicht mit gesicherten Methoden und Ergebnissen zu eta-
blieren, so daß es zu einer Wiederaufnahme und Weiterentwicklung
der alten Ansätze nach dem Krieg kaum kam. Der Bruch der Tradition war so nachhaltig, daß psychologische Untersuchungsmethoden
mit wissenschaftlichem Anspruch selbst im engeren Bereich der Biographieforschung seither nicht herangezogen wurden, was zu der
Lethargie auf diesem Gebiet beiträgt.

Anders und günstiger entwickelte sich die Literatursoziologie, und
von ihr können in Zukunft Impulse auch für die literaturpsychologische
Forschung ausgehen; denn sie hat durch die Erschließung der sozialen
Einflüsse die literarische Produktion neuerdings als Teil der sozialen
Interaktion der Autoren bewußt gemacht. Daher muß nun das wissenschaftliche Interesse auch der literarischen Umsetzung dieser Einflüsse im Zusammentreffen mit dem Motivationssystem, der Persönlichkeit, der Autoren gelten.

Diesem Brennpunkt des produktiven Geschehens sucht sich die vorliegende Studie durch motivationspsychologische Analysen von Texten
mit zuständlichen und verhaltensbeschreibenden Erzählinhalten zu
nähern. In ihnen ist ein projektiver Ausdruck von Bedürfnissen und
Einstellungen des Dichters mitenthalten.

Die literarische Erscheinung Adalbert Stifters fordert mehr als
andere einen psychologischen Forschungsansatz, der biographische
und soziale Daten mit einbezieht und ihr Textschicksal weiterverfolgt.

1 EINLEITUNG

Adalbert Stifters Lebenslauf wirkt auf den ersten Blick ebenso ein- No.
förmig wie nach manchem spontanen Geschmacksurteil sein Werk.
Hier wie dort begegnet ein eng begrenztes Repertoire immer wieder-
holter Motive und Verhaltensweisen und der durchgängig eingehaltene
Empfindsamkeitston im zwischenmenschlichen Bereich. Die Beobachtung der Monotonie läßt sich bei den Empfindsamen häufig machen.
Ihre Lebensläufe folgen dem Idealbild, dem sie ihr eigenes Selbstbild
anzunähern suchen. Das führt leicht zu einer sich selbst fortgesetzt
verstärkenden Fehlanpassung und Isolierung.

Ganz im Gegensatz zu seinem Idol Goethe, das ihn wohl deshalb
so anzog, vermochte sich Stifter niemals zu einem wirklichen Neuan-
satz bei der Lösung seiner Lebensprobleme aufzuschwingen. Allerdings scheinen sich ihm auch die anstehenden Probleme lebenslang
in derselben Form gestellt zu haben, während in den realistischen
Lebensläufen ein Problem zu verschiedenen Zeiten verschieden aussehen kann.

Die starken Spannungen, unter denen Stifter stand, scheinen es ihm
unmöglich gemacht zu haben, sich von bestimmten Verarbeitungsformen zu lösen, mit deren Hilfe er einmal sein seelisches Gleichgewicht
hergestellt hatte. Selbst die Revolution von 1848 vermochte keine Veränderung der Persönlichkeit mit neuen Einstellungen, Zielsetzungen
und überdauernden Handlungsmotiven herbeizuführen, wie dies sonst
bei den bedeutenden Zeitgenossen der Fall war, sei es nun im Sinne
eines neuen Aufbruchs, wie etwa bei Gottfried Keller, sei es im Sinne
der Resignation, wie bei den konservativen Dichtern.

Gewiß gibt es in Stifters Leben keine „interessante" Entwicklung
im modernen Sinne (was zur Vernachlässigung seiner chronologischen
Dokumentation in einer wissenschaftlich brauchbaren Biographie geführt hat), desto ungestörter läßt sich dafür aber an seinem Beispiel
verfolgen, welchen Wert das Werk für den psychischen Haushalt seines Dichters haben kann.

9

1.1 Problemstellung

Die Untersuchung hat das Ziel, einen neuen psychologischen Zugang zu den Texten Stifters zu suchen, um damit zu einer angemessenen Interpretation des Werks beizutragen. Stifter gibt seinen Darstellungsgegenständen und dargestellten Erlebnissen jeweils eine Bedeutung und ein besonderes Gewicht, die sie außerhalb der Fiktion nicht besessen haben müssen. Es handelt sich bei der Zuordnung von Bedeutungen und Valenzen um einen künstlerischen Akt, wie ihn jeder Dichter vornimmt. Es ist nicht anzunehmen, daß dieser Vorgang immer als ein der Willkür unterworfener bewußter Akt vollzogen wird. Die Untersuchung geht vielmehr davon aus, daß es sich bei diesem Teil der künstlerischen Produktion um einen Prozeß der Verarbeitung von Daten handelt, wie er sich ähnlich in jedem Menschen vollzieht. Auch im Alltagsleben vermögen Menschen den wahrgenommenen Elementen ihres Erlebens eine Bedeutung im allgemeinen nicht nach reiflichem Überlegen zuzumessen; allenfalls geben sie sich im nachhinein durch eine Analyse ihres Erlebens Rechenschaft über die Ereignisse, die zu einer bestimmten Bedeutungsgebung geführt hatten. Dies wird auch nur dann geschehen, wenn die betreffende Erlebnisverarbeitung problematische Folgen hatte. Es ist die literaturpsychologische Grundannahme dieser Studie, daß Dichter in einer solchen Situation eine Problemlösung nicht in erster Linie durch analytische Klärung versuchen, sondern durch ästhetisch wirksame, mitteilbare Formung des gesamten Komplexes von Substrat und Bedeutung. Der Dichter kann die in seinen erzählerischen Werken agierenden literarischen Figuren alle problemlösenden Verarbeitungsformen bis zur äußersten Konsequenz durchleben lassen. Dabei kann es sich um Bestrebungen handeln, mit denen er selbst scheiterte, solche, die er sich wünschte oder solche, die nur sein experimentelles Interesse erregten. Intention des Dichters ist es dabei immer, das schwer entwirrbare Geflecht der Bedeutungszusammenhänge des eigenen Erlebens aufzudecken und mitzuteilen.

Der weitgehende Verzicht des Dichters auf eigentliche Analyse entbindet den Literaturwissenschaftler nicht von der Aufgabe, anhand der vorliegenden Texte ihren „Rohstoff" und ihren Bedeutungsgehalt zu sondern. In der Praxis der Interpretation eines Textes werden dabei unbewußte Formeinflüsse von bewußt eingesetzten Formungen mit ästhetischer Absicht und von historischen Einflüssen (z.B. künstlerischen Vorbildern) nur zu unterscheiden sein, wenn alle bekannten wissenschaftlichen Methoden der Textinterpretation herangezogen werden. Die literaturpsychologische Methode muß hier von dem Absolutheitsanspruch abrücken, der sie seit Freud kennzeichnet[1].

Bedeutungszuordnungen, die sich dem rationalen Zugriff zunächst entziehen und die daher unser Hauptaugenmerk beanspruchen, erweisen sich – in Alltag und Dichtung – als Übertragungen uneingestandener eigener Probleme oder Mängel oder daraus sich ergebender Einstellungen und Erwartungen auf andere Menschen. In der Dichtung werden sie literarischen Figuren und ihren fiktiven sozialen Beziehungen und Erlebnissen, darüber hinaus auch den Erlebnisgegenständen und den (fiktiven) natürlichen und kulturellen Erlebnisumfeldern zugeschrieben[2].

Einen Teil der literarischen Phänomene, die sich aus den projektiven Prozessen ergeben, erfaßt die herkömmliche Symboldeutung. Wir folgen einem anderen methodischen Weg, der die formale Seite bewußt vernachlässigt. Wie der Kliniker Hanscarl Leuner klammern wir „bewußt das Problem der ... Differenzierung zwischen Symbol, Bild und Allegorie aus und gehen von dem mehr funktionalen Phänomen des P r o j e k t i o n s v o r g a n g s aus. Betrachten wir die Inhalte der Gestaltungsvorgänge als derartige 'Externalisation' unbewußter emotionaler und affektiver Konstellationen im weitesten Sinne, so gelingen

1 So hat der amerikanische Kulturanthropologe D.C.McClelland einen Methodenpluralismus auch für die psychologische Richtung der Forschung akzeptiert, wenn er schreibt: „Nur allzu oft" habe sich der Psychologe „nach Freud, in allzu stark vereinfachten(!) Analysen im Sinne des Ödipusdreiecks und der Furcht vor Kastrierung, oder was sonst noch auf gewissen universell menschlichen Erfahrungen beruht, eingelassen, ohne die Gestalt zu berücksichtigen, welche die Kultur ihnen verleiht". Der Autor empfiehlt, „die kulturellen Varianten gewisser universeller Themen der menschlichen Erfahrung" stärker zu berücksichtigen.
„Die Kenntnis der Persönlichkeitsdynamik sollte bei der Analyse von Werken der Kunst viel häufiger durch die Kenntnis der kulturellen Werte ergänzt werden, als es bisher der Fall war".(26, S.134)
2 Zur begrifflichen Klärung von „Projektionsfeld" und „Projektionsfigur", „soziales Feld" usw. vgl.: Kurt Lewin, Der Feldbegriff in den Sozialwissenschaften, Bern, Stuttgart 1963

uns über den reinen Symbolgehalt hinausgehende Aussagen, die eine strukturelle Zuordnung ermöglichen" (23, S. 49 f).

Die Subjektivität des Bedeutungsgewinns im Alltag hat Ähnlichkeit mit der Verleihung bestimmter Bedeutungen, die der Dichter in seinem Werk vornimmt oder vornehmen läßt. Daher haben wir Anlaß, beide Prozesse terminologisch zusammenzufassen und eine Bedeutung in einem dichterischen Text mit ähnlichen Mitteln zu analysieren, wie im (psychopathologischen) Alltagsgeschehen.

Bei den Bedeutungszuschreibungen, um die es hier geht, handelt es sich um „Projektionen". Die unbewußte Veränderung der Bedeutung von Realität, sei es durch „Reflexionen", sei es durch verkennende Wahrnehmung oder entstellende Darstellung der Wirklichkeit, erfolgt stets unter dem Einfluß früherer, oft kindlicher traumatischer Erfahrungen an gleichen oder ähnlichen Wirklichkeitselementen. Diese deformierende Wirklichkeitsbegegnung wird zwanghaft immer wiederholt. Sie „entlastet" besonders nachhaltig von schwer erträglichen Einsichten. Für die Dichtung wichtig ist die Kategorie der Erwartungsprojektionen, die Bedeutungen grundlegend verändern können.

Die Stärke einer projektiven Neigung zur „unrealistischen" Bedeutungszumessung hängt davon ab, wie weit sich der Beurteiler selbst kennt. Projektive Veränderungen werden daher im Werk eines Dichters zu verschiedenen Zeiten seines Lebens verschieden stark und häufig vorkommen. Insgesamt werden sie bei einem Dichter mehr, bei einem anderen weniger wichtig sein, und es wird Epochenunterschiede geben. Bei Stifter spielen projektive Bedeutungen im ganzen Werk eine große Rolle. Schwankungen gibt es nur hinsichtlich ihrer Tendenz in den verschiedenen Lebensaltern. Bei anderen Dichtern, besonders den realistischen und humoristischen, werden dagegen Projektionen häufiger erkannt und dann ironisiert oder auch im Sinne des Symbolismus bewußt ästhetisch eingesetzt. Ansätze dazu finden sich auch beim älteren Stifter.

Mit der Feststellung, daß Projektionen, die streng genommen psychopathologisch beschreibbare Verhaltensweisen sind, in der Dichtung eine wichtige Rolle spielen, ist keinerlei Werturteil verbunden. In gewissem Umfang sind Projektionen eine psychische Funktion jedes Menschen. Wie die Phantasien, Tagträume, Mythen, aber kontrollierter als sie, sind diese notwendigen Bestandteile jeder Dichtung auch

Anpassungshilfen. Ihre Funktion ist es, (unerfüllte oder unerfüllbare) Wünsche in der Vorstellung zu erfüllen und dabei bedürfnisreduzierend zu wirken. Ihre kulturelle Bedeutung ergibt sich 1. aus der Steigerung der Frustrationstoleranz der Leser, 2. aus der Vorbildwirkung bei der Verfolgung höherwertiger Ziele der Selbstverwirklichung, insbesondere bei der normenkonformen Konfliktlösung im Kompromiß und schließlich 3. aus der unmittelbaren Geschmackserziehung. Die Sublimierung von Triebansprüchen hat sie gemein mit den spontanen Phantasien, mit der Trivial-Literatur und mit unverbindlicheren kommunikativen Produktionen.

Psychisch ist die Projektion auf den ersten Blick als eine Selbstschutzfunktion erkennbar, die freilich mit einer (partiellen) Fehlanpassung des Individuums an die Realität erkauft wird. Wo diese Realität wie in der Dichtung nicht gilt, kommt es zu einem Funktionswandel der Projektion. Sie hat einen künstlerischen Wert sui generis. Sie gewinnt ihn durch ihre besondere Wirksamkeit in dem komplexen Beziehungssystem von Dichter, Werk und Leser, das erst durch jenen Mechanismus möglich wird, der Realitäten für unser Bewußtsein verändern kann.

Bei dem Versuch, einen Zugang zu der grundlegenden Bedeutung zu gewinnen, die der Projektion bei der Produktion und bei der Rezeption von Dichtung zukommt, kann ein Modell der literarischen Beziehungen, in dem sich die psychischen Prozesse abbilden lassen, als Erkenntnishilfe gute Dienste leisten[3].

In einem solchen Modell fungiert der Dichter als Sender, der Leser als Empfänger. Beide sind an dem kommunikativen Prozeß aktiv beteiligt; der Dichter produktiv, der Leser rezeptiv. Zur Produktivität des Dichters gehören auch die projektiven Eingriffe und Veränderungen am Substrat. Zur Rezeption durch den Leser gehört nicht nur die kognitive Aktivität der Sinnentnahme, Sinnverarbeitung und – speicherung, der Leser trägt selbst aktiv zu der Wirkung des Gelesenen bei, wobei er freilich das objektivierte Werk nicht mehr verändern

---

3 Von einer im Ansatz gleichen Modellvorstellung geht Helmut Kreuzer, (41, S.191) aus, wenn er „die Literatur als Information, als Botschaft aufgefaßt" wissen will, „die von einem Sender mittels einer Zeichenfolge an einen Empfänger gerichtet ist, dergestalt, daß keines der drei Elemente dieses Kommunikationssystems unbeeinflußt vom Charakter der anderen Elemente gedacht werden kann."

kann. Seine Aktivität besteht in der individuellen projektiven Ausgestaltung des Gelesenen in seiner Vorstellung. Ohne Projektion keine Dichtung, aber auch keine angemessene Rezeption von Dichtung.

Nun kommt es zu Projektionen nur aufgrund von Reizen, die mehrdeutig sind, und eben dadurch einen Aufforderungscharakter zur Übertragung von Regungen besitzen, die viele Wahrnehmende unbewußt beschäftigen. Auf solche Reizsender wird „projiziert", es sind „Projektionsfiguren" oder auch Projektionsfelder. Jedem vertraut ist das Beispiel der Wolkenumrisse, in die man unwillkürlich bedeutungsvolle Bilder hineinsieht. Dabei werden nicht häufig mehrere Betrachter der Wolken dasselbe „projizieren", wohl aber werden sie, wenn sie ihre Vorstellungen verbal austauschen, die Projektionen der anderen nachempfinden können. Ähnliches geschieht bei der Lektüre eines neuen Buches oder Gedichts mit anschließendem Meinungsaustausch, wenn dabei nicht allein weltanschauliche Urteile, die mehr unseren Intellekt berühren als unsere Emotionen, oder auch Konventionen den Ton angeben.

Welchen Platz und welche Funktion nimmt nun das literarische Werk in unserem projektionsbezogenen Modell ein? Wir können es uns als Mittler zwischen Sender und Empfänger denken. Diese Vermittlung von etwas, was über die manifeste Information hinausgeht, kann das Werk am besten leisten, wenn es als ein Schirm wirkt. Auf der einen Seite nimmt dieser die auf ihn projizierte fiktive Welt auf und bildet sie ab. Wir vermögen in dem Abbild, das wir erlesen, den Rohstoff, die Erlebnisse und Erlebnisgegenstände, meist nur aus zusammengesetzten Elementen mühsam zu erkennen, wenn wir Kenntnisse der Biographie und der epochentypischen und persönlichen ästhetischen Verarbeitungsformen und der Besonderheiten der Kunstsprache des Verfassers haben. Wir sind bei einem solchen wissenschaftlichen Bemühen freilich weit entfernt von dem Vorgehen des Lesers, für den der Dichter schreibt, von sehr esoterischen Autoren mit vertrautem kleinen Leserkreis einmal abgesehen. Wir versuchen nämlich, vom eigentlich Wesentlichen bei dieser Art Rezeption zu abstrahieren, von der projektiven Veränderung des Substrats. Das Bild, das dabei entsteht, ist fragmentarisch und uneinheitlich, weil die projektive Formung dem Text seine einheitliche Tendenz, die neue, gedichtete Bedeutung gibt, die vor uns erst das entstehen läßt, was wir als die dichterische Welt, den geschlossenen Kreis empfinden.

Die andere Seite des Projektionsschirms, als den wir ein dichterisches Werk zu verstehen versuchen, bietet den Lesern jene mehrdeutige Projektionsvorlage, jenen „Reiz", der den Leser zur individuellen projektiven Ausgestaltung des Gelesenen in seiner Vorstellung auffordert. Kommt er dieser Aufforderung nach, so entsteht in seiner Vorstellung ein Bild oder eine eigene Bilderfolge; er projiziert dabei Eigenes auf das Werk. Im Extremfall können seine Vorstellungen nur noch wenig mit dem Klartext gemein haben und doch eine angemessene, vom Dichter gewünschte Rezeption darstellen. Eher könnten Mißverständnisse im ideologischen Bereich das Verhältnis zwischen Dichter und Leser trüben. Seine Philosophie formuliert der Dichter meist eindeutig. Sie soll nicht zu Projektionen auffordern. Wir wissen aber, daß selbst intellektuelle „Mißverständnisse", ganz analog den provozierten Abweichungen durch Leserprojektionen, zu einer geglückten Rezeption gehören und unbewußt vom Autor gewollt gewesen sein können, wie Lukacs in seiner These von dem „Fortschritt wider Willen" in Balsacs Romanen gezeigt hat.

Es ist schwierig, sich außerhalb des psychologischen Fachbereichs über die grundlegenden Prozesse zu verständigen, die wahnhafte Verkennungen von Wirklichkeit zu einer kulturell wertvollen und sozial wirksamen Dynamik werden lassen. Im Bereich der Kunstwissenschaften ist diese interdisziplinäre Bemühung jedoch unerläßlich. Darum müssen wir unsere idealisierte Modellvorstellung verlassen und uns mit unserem begrifflichen Werkzeug der Dichtung als Gegenstand empirischer Forschung weiter zu nähern versuchen. Wenn wir Dichtung lesen und dabei trachten, einmal nicht den Rohstoff, die vordergründig biographischen Elemente, auch nicht die Einflüsse oder die Ideologie zu erkennen, sondern diejenigen Eingriffe in die empirische vordichterische Realität auszumachen, die durch dies alles nicht erklärt werden können, so stoßen wir alsbald auf eine Affektbegleitung in der Darstellung bestimmter Lebensbereiche, die wir in unserer eigenen Erfahrung oder auch in den Werken anderer Dichter der gleichen Zeit vielleicht gar nicht oder jedenfalls nicht so ausdrücklich bestätigt finden.

Kaum ein Autor läßt uns Begleitaffekte so unverhohlen erkennen, besser: spüren, wie Stifter. Nicht selten nimmt er den Preis der artifiziellen, ja gewaltsamen Wirkung in Kauf, um eine Verknüpfung von bestimmten Erlebnisgegenständen mit einer bestimmten Erwartung oder Einstellung, mit Furcht oder Hoffnung, mit Appetenz oder Aversion beim Leser zu erreichen.

Projektives Verhalten hat stets seine biographische Vorgeschichte. Dies gilt auch für die „umfunktionierten" Projektionen der Dichter. Wenn das Wort Widerspiegelung nicht inzwischen so vielfach beansprucht wären, könnte man daher sagen: Der Dichter macht auf weite Strecken seine Werke zum Spiegel seiner persönlichen Befürchtungen und Hoffnungen. Wenn er damit, wie Stifter, sehr erfolgreich war und ist, muß man hinzufügen: er spiegelt auch die Erwartungen der Gesellschaft[4].

In der positivistischen Phase der Literaturwissenschaft hat die Grundannahme, daß eine lineare Beziehung zwischen dem Leben des Autors und dem fiktiven Leben seiner Figuren besteht, zu den Auswüchsen der sogenannten biographischen Methode geführt. Das Pendel der Wissenschaftsgeschichte schlug in unserem Jahrhundert ebenso nachhaltig ins andere Extrem aus, da die Literaturwissenschaft uns die Bedingungen der Produktion von Dichtung überhaupt vergessen lassen wollte und unter dem Einfluß der wissenschaftlichen Spezialisierung die Erforschung der Vorgeschichte von Texten den Psychologen und Soziologen überließ. Dies geschah zum Schaden des Erkenntnisfortschritts, denn den besonderen Bedingungen der Transformation projektiven und assoziativen Materials in geformte Darstellungen vermochten die Methoden dieser Disziplinen nicht gerecht zu werden. Die Mißverständnisse zwischen Literaturwissenschaft und psychologischer, insbesondere psychoanalytischer Biographieforschung führten zu einer bis heute andauernden Entfremdung[5].

4 Dieser Wirkungsaspekt tritt jedoch in der vorliegenden Untersuchung zurück. Damit soll nicht etwa eine Unabhängigkeit des Dichters von der Gesellschaft behauptet werden. Beider Interaktion ist ja Kristallisationspunkt der Dichtung. Aber im Vordergrund dieser Untersuchung steht die individualpsychologische Fragestellung.
5 Dazu hat die psychologische Terminologie mit beigetragen, da sie gelegentlich Anklänge an die Lebensphilosophie, Existenzphilosophie und an die Bewahrungspädagogik aufweist. Dies schreckt auch jüngere Literaturwissenschaftler, die den Anschluß an sozialwissenschaftliche Methoden durchaus suchen. So wurde das zentrale psychohy-

Daher ist es leichter, aus den nichtgelehrten Werken der Produktiven selbst etwas Unvoreingenommenes zu dem Beziehungsgeflecht von Dichter, Dichtung und Leser zu erfahren, als aus der wissenschaftlichen Literatur. Wir greifen ein neueres Werk dieser Art heraus: Michel Butors „Probleme des Romans" (München 1965, 1969[2]). Selbst ein so hochbewußter Formkünstler, wie dieser Romancier verliert keineswegs über artistischen Problemen den Lebenszusammenhang aus den Augen, in dem sein Werk steht, wenn er in dem Abschnitt „Der Gebrauch der Personalpronomen im Roman" schreibt: „jedermann weiß, daß der Romancier seine Personen, gewollt oder ungewollt, bewußt oder unbewußt, ausgehend von Elementen seines eigenen Lebens konstruiert, daß seine Helden Masken sind, durch die er von sich selbst erzählt und von sich selbst träumt, daß der Leser keineswegs rein passiv ist, sondern daß er mit Hilfe der auf einer Buchseite versammelten Zeichen eine Vision oder ein Abenteuer rekonstruiert, wobei auch er sich des ihm zur Verfügung stehenden Materials, das heißt seines eigenen Gedächtnisses bedient und daß der Traum, zu dem er so gelangt, das beleuchtet, was ihm fehlt." (S. 94)

Ohne die Rezeption und die soziale und kulturelle Seite zu berühren, hatte Freud den Antrieb des Dichters, über den sich Butor ausschweigt, in der Lösung eines Konflikts auf dem Wege der Veröffentlichung gesehen: „Den Projektionsschöpfungen der Primitiven stehen die Personifikationen nahe, durch welche der Dichter die in ihm ringenden entgegengesetzten Triebregungen als gesonderte Individuen aus sich herausstellte" (14, S. 76).

1.2 Hypothesen

Nach dieser Verständigung über den zentralen Begriff der Projektion können wir nun unsere Hypothesen formulieren. Die Bedeutungen, die Stifter seinen Darstellungsgegenständen verliehen hat, stellen sich

gienische Postulat der „Geborgenheit" des Kindes in der Familie von Freud aufgrund sorgfältiger Beobachtungen zur Ätiologie der Psychoneurosen aufgestellt. Die spekulative Generalisierung auf das menschliche Sein schlechthin hat die wissenschaftliche Psychologie so wenig zu vertreten, wie die Wortgeschichte der „Ungeborgenheit".

uns nicht als semantisches Problem. Es geht uns um die durch Stimmungen und Einstellungen vermittelte Bedeutung „zwischen den Zeilen". Diese projektive Bedeutungsgebung folgt bei Stifter polar angeordneten extremen Tendenzen: Der Hoffnung und der Furcht.

Nicht bei allen Dichtern springt diese Tendenz so ins Auge; sie macht gerade Stifters Werk aus methodischen Gründen für uns so interessant. Denn Freud hatte in seiner „Traumdeutung" die prospektive Bedeutung von Träumen als Erwartungsausdruck („Wunscherfüllung") nachgewiesen. Dies ist der Ausgangspunkt aller psychotherapeutischen Bemühungen um Aufdeckung von Projektionen, Träumen und Assoziationen sowie aller projektiven Testverfahren der Psychodiagnostik geworden. Neuerdings ist im deutschsprachigen Raum das ursprüngliche Interpretationskonzept in verfeinerter und quantitativ abgesicherter Form fruchtbar gemacht worden von Heinz Heckhausen (Hoffnung und Furcht in der Leistungsmotivation, Meisenheim 1963).

Unsere Annahme lautet: Furcherregende Situationen und Objekte werden von unserem Dichter aufgerichtet, um gemäß seinen Erfahrungen das – mit Gottfried Keller gesprochen – Ende des Weltreichs der Phantasie abzustecken, die eigentliche Bedrohung der menschlichen Existenz. Hoffnungerweckende Objekte werden dargestellt, um die Möglichkeiten der Befreiung von dieser Notwendigkeit zu zeigen. Diese widerstreitende Tendenz in der Darstellung Stifters führt zu einer rigorosen Vorauswahl der dargestellten Erlebnisgegenstände unter dem Gesichtspunkt ihrer Eignung als Träger der jeweiligen Bedeutung.

Die Affektverflechtung der Gegenstände führt zu einer emotionalen Spannung, die alle Texte im Leser erzeugen. Mit dieser Wirkung befindet sich Stifter durchaus im Gegensatz etwa zu dem Zeitgenossen Mörike oder zur realistischen Erzählkunst. Wir können in dieser Besonderheit einen Anklang an barocke Gestaltung erkennen.

Wie sind die Affekte nun inhaltlich charakterisiert, die die Gestaltung und Bedeutung der Texte so nachdrücklich bestimmen? In der vermuteten Reihenfolge ihrer biographischen Genese sind sie umschreibbar als eine mit Eifersucht einhergehende Verlassenheitsfurcht, als Furcht vor den religiösen Konsequenzen des naturwissenschaftlichen Weltbildes und als Furcht vor den Konsequenzen eines politischen Liberalismus und einer Ethik ohne Schuld, d.h. ohne metaphysische Begründung. Demgegenüber bleibt die Hoffnung auf die heilsgeschichtliche Lösung der menschlichen Verwicklungen bestehen, freilich in einer schon recht säkularisierten Form, der utopischen Idylle, dem sozialen Paradies.

Unsere Arbeitshypothesen lauten 1. Der soziale Bereich wird in Stifters Erzählungen von Furcht entscheidend bestimmt. Ungeborgenheitserlebnisse überwiegen. Darstellungen aus diesem Bereich versetzen den Leser aufgrund der ihnen vom Dichter verliehenen Anmutungsqualität in eine Reaktionsbereitschaft zur Abwendung. Die Quantität sozialer Situationen und die Zahl der Figuren sind eingeschränkt. 2. Der natürliche Bereich der Landschaft und Vegetation ist in seiner Darstellung und Wirkung hoffnungsvoll. Solche Darstellungen sind häufiger und gewichtiger als bei den zeitgenössischen Autoren. Geborgenheitserlebnisse überwiegen in diesem Bereich.

Die Formulierung als Arbeitshypothese besagt, daß die in ihr behaupteten Verhältnisse in ihrer Häufigkeit und in ihrem Gewicht in den Erzählungen wahrscheinlich überwiegen.

Die Gegenhypothese muß dann lauten: 1. Soziale Verhältnisse können auch mit optimistischer Färbung einhergehen. Die Wahrscheinlichkeit, solche Fälle zu finden, ist aber gering, und sie ist an bestimmte Voraussetzungen gebunden, die die betreffenden sozialen Gruppierungen als Ausnahmefälle erscheinen lassen. 2. Die natürliche Landschaft kann auch pessimistisch anmuten. Diese Fälle sind aber in den Erzählungen seltener und sie setzen Extremformen von Landschaft voraus.

Die Interpretationshypothese lautet: Stifter hat mehr als andere Autoren Landschaften dargestellt. Denn dies ermöglichte es ihm, die Auseinandersetzung mit den Problemen sozialer Beziehungen zu vermeiden. Er hat die Erfahrung gemacht, daß der tatsächliche wie der dichterische Umgang mit der Landschaft dazu beitragen kann, depressive Stimmungen aufzuhellen. Diese Depressionen waren Folge von unlösbaren Anpassungsproblemen, die in der Kindheit ihren Ursprung hatten. Deshalb sind die Darstellungen sozialer Beziehungen in seinen Erzählungen häufiger pessimistisch gefärbt. – Die Interpretationshypothesen werden in dieser Studie wegen der schwierigen Quellenlage nicht immer überprüft.

19

1.3 Methode

Der sicherste Weg, bei der Verifizierung der genannten Hypothesen die Fehlerrate kleinzuhalten, wäre die quantitative Inhaltsanalyse. Die dabei angewandte statistische Methode sucht die Abhängigkeit des Auftretens zweier Ereignisse von einander nachzuweisen. In unserem Falle ginge es also um die Korrelationen des Auftretens bestimmter Sozial- und Naturbereiche mit bestimmten Erwartungsweisen. In dieser Untersuchung wird jedoch die qualitative Inhaltsanalyse einer Auswahl solcher Textstellen gemeinsamen Vorkommens bevorzugt, da die ihr zugrundeliegende ideographische Methode eine Kausalanalyse des vermuteten Zusammenhangs ermöglicht. Dabei können auch andere Informationen berücksichtigt werden, wie biographische, kulturgeschichtliche, ästhetische usw.

Untersucht werden „projektive" Gestaltungen durch Vergleich der sprachlich ausgedrückten, werkimmanenten Realität mit den Elementen der vor- und nichtliterarischen Realität derselben Klasse unter Berücksichtigung der Gestaltungsgrundsätze der Zeit. Meist gibt schon die Auswahl der Elemente, die der Dichter getroffen hat, einen gewissen Aufschluß, darüber hinaus auch die emotionale Färbung und intellektuelle Interpretation der eigentlichen Fakten. Beides läßt sich bei Stifter leichter als bei anderen deutschsprachigen Erzählern des 19. Jahrhunderts von der ganzheitlichen Erscheinung der Texte abheben, da die Emotionalität in seinem empfindsamen Stil zum Ausdruck drängt und die Interpretation der Darstellungsgegenstände, ihre Bedeutung in den Augen des Dichters, häufig in gesonderten Reflexionen erscheint. Texte von Dichtern des Realismus im 19. Jahrhundert wären auf diese Weise viel schwieriger überprüfbar. Grundsätzlich müßten aber auch sie einer literaturpsychologischen Aufschließung zugänglich sein, wenn ein verfeinertes methodisches Instrumentarium vorhanden ist.

Erster Gegenstand der Studie ist das soziale Feld. Zwischenmenschliche Beziehungen werden nach ihrer Gestaltung als zeitgenössisches Geschehen und als Geschehen in großer zeitlicher Ferne, also nach der Stellung auf dem Zeitkontinuum, unterschieden. Textaufschlüsse zum physischen Tod werden in einem eigenen Abschnitt behandelt. Zweiter Hauptgegenstand der Untersuchung ist die Natur-darstellung. Beide Themenkreise und ihre Teilbereiche werden jeweils auf ihre Ausstrahlung von Furcht bzw. Hoffnung hin abgeschritten. Diese Erwartungsweisen ergeben sich bei unserem Autor überwiegend aus Darstellungen oder Andeutungen der Geborgenheit und der Ungeborgenheit seiner Figuren in dem jeweiligen Feld. Dabei erregen Ungeborgenheitssituationen die Furcht, Geborgenheitssituationen die Hoffnung der Figuren wie der Leser.

In einem letzten selbständigen Hauptabschnitt wird eine bestimmte Klasse von Verhaltensweisen der literarischen Figuren in den Erzählungen näher untersucht, die als Abwehrverhalten im Sinne der Neurosenlehre umschreibbar sind. Bei diesen Darstellungselementen handelt es sich teilweise um Projektionen selbst ausgeführter Verhaltensweisen des Dichters auf seine Figuren. Die für Stifters Werk wichtigsten in diesem Teil untersuchten Fälle dürften jedoch aus einem bewußteren Bereich der Gestaltung kommen.

2 HOFFNUNG UND FURCHT IN DER MENSCHEN- UND NATURDARSTELLUNG DER ERZÄHLUNGEN

2.1 Der zwischenmenschliche Bereich

Gemäß unserer Arbeitshypothese soll in diesem ersten Abschnitt der Nachweis erbracht werden, daß in den Erzählungen Stifters der soziale Bereich Ausgangspunkt von Ungeborgenheitserlebnissen der Figuren mit dem Ergebnis einer Furchtauslösung ist und wie diese Wirkung zustandekommt. Im Anschluß an die Untersuchung des im Werk wichtigsten sozialen Teilbereichs der Familie werden dann gemäß der Gegenhypothese auch die Ausnahmefälle einbezogen, in denen familiäre Beziehungen eine positive Erwartung der Figuren wie der Leser aufzubauen vermögen.

2.1.1 Ungeborgenheit im Familienleben und in Liebesbeziehungen

Von jeher ist in der Forschung bemerkt worden, daß es Stifters Figuren selten gelingt, befriedigende Liebesbeziehungen herzustellen. Die meisten dieser Beziehungen lassen die Partner vereinsamen. In einigen Fällen kommt es auch zu offenen Furchtausbrüchen der Figuren.

Zuletzt wurden von Kurt G. Fischer drei Varianten des Verlaufs vorehelicher Beziehungen erfaßt; sie „kehren in Stifters Werken immer wieder als Zentren der beschriebenen menschlichen und sozialen Konflikte". Diese Störfaktoren sind 1. Zweifel am Treuegelöbnis der Jugendfreundin. Diese Zweifel verletzen das Mädchen. Es weist den Mann zurück. 2. Eingeständnis eines Liebesverhältnisses zu einer anderen Frau. Das Mädchen faßt dies als Bruch des ihr gegebenen Treueversprechens auf, das auch sie davon entbindet. 3. berufliches

Versagen und Scheitern des Mannes, das einer geplanten Ehe die soziale und wirtschaftliche Grundlage entzieht (11, S. 35).

Diese Vereitelungen hat Stifter bekanntlich selbst als junger Mann erlebt oder besser: bewirkt. „Die wahren Tatsachen" hat er jedoch nirgends in seinem Werk gegeben (11, S. 39). Wir müssen daher annehmen, daß er nicht nur durch einfache „Sublimierung" das biographische Problem verarbeitet. Er hat seine Erlebnisse nicht einfach in ästhetischer Stilisierung niedergeschrieben und dadurch von sich distanziert. Vielmehr ist die erlebte Realität sorgfältig gefiltert. Sie wird von einer Ich-Zensur nur teilweise zur Darstellung zugelassen. Das Ergebnis ist regelmäßig eine Textversion, die es Autor und Leser ermöglicht, das konkrete Versagen des Liebhabers zu verkennen. Der psychische Wert der Filterung besteht darin, daß dem Autor damit die Konfrontation mit seinem Versagen erträglich gemacht wird. Darüber hinaus mag ein Sozialfilter an der Vorzensur mitgewirkt haben, der des Autors Probleme vor der Öffentlichkeit in wesentlichen Teilen verschleiern soll. Schließlich dürfte der Wunsch des Autors, sein Leben möchte in dieser entscheidenden Phase einen anderen Verlauf genommen haben, zu den glättenden Veränderungen beigetragen haben. Wir sprechen dann von der Wunschprojektion, von derjenigen Variablen der Textgestaltung, der unser Hauptaugenmerk gilt. Mag auch das moralische Gewicht der Fehlentscheidungen des Mannes verborgen bleiben, die Vorgänge, die zu den Störungen der Liebesbeziehungen führen, werden von Stifter klar dargestellt, in den frühen Werken noch deutlicher als in den späteren. Wir erkennen in dem dargestellten Geschehen unschwer das (unheilvolle) Wirken desselben psychischen Mechanismus, den wir als konstituierend für dichterische Produktion erachten, nämlich der Projektion, und zwar der projektiven Verkennung, Mißdeutung von Wahrnehmungsinhalten.

In einem der ersten Werke, den „Feldblumen", wird von dem Ich-Autor eine von Anfang an mit „Zweifeln am Treuegelöbnis der Jugendfreundin" belastete Liebesbeziehung geschildert: „Ich fand, durch die Zweige sehend, das Paar unten sogar in einer Art Umarmung begriffen. ... er zeigte von rückwärts eine hohe, ausnehmend schöne Gestalt, schwarz gekleidet, von ihr konnte ich wenig mehr sehen, als Teile des weißen Kleides, da er sie mir fast ganz verdeckte. Eben, als ich weitergehen wollte, hob sie das Gesicht von ihm empor – und,

24

alle Heiligen des Himmels – es war Angela. ... – da stand sie noch vor ihm, ihn anschauend mit denselben großen, schwarzen, aufrichtigen Augen, wie gestern mich. Es half kein Sträuben, sie war es. Seinen Bewegungen nach zu urteilen, sprach er eifrig mit ihr, in seinen Geberden war eine Art Sicherheit und Herrschaft, und ihre Gestalt sprach tiefe Erregung aus. Oh aller jener betörende Zauber der Hoheit und Unschuld lag auch jetzt um sie, wie einstens immer. Ich mußte beide Augen auf eine Sekunde zudrücken, um mir alles nur klar zu machen, was so unbegreiflich war. Über eine Stunde sprachen sie, und ich war fest gebannt hinter meinem Stamme. Endlich, mit häufigem Stehenbleiben, entfernten sie sich langsam, und ich sah noch, wie er einmal beide Hände auf ihre Schultern legte, und sie beredete oder tröstete, oder dergleichen." (Urf. S. 107 f). Eine an und für sich mehrdeutige Situation wird von dem Helden gemäß seiner Voreingenommenheit tendenziös im Sinne seiner Eifersucht gedeutet. Ohne sich weitere Informationen zu beschaffen, die für ein Urteil notwendig wären, zieht er weitgehende Konsequenzen. Das schmerzliche Erwachen in der Wirklichkeit erfolgt bereits am nächsten Tag: „Erst einen Tag vorher sagte sie die Worte: 'da es nun gesagt ist, so dürfen Sie für alle Zukunft darauf bauen', und ich glaube schon am anderen Morgen darauf den Ratschlägen einer bösen blinden Leidenschaft mehr, als der ganzen klaren Sittlichkeit ihres Wesens, die mir schon lange vorlag, einer Leidenschaft, die berühmt ist wegen ihrer Gemeinheit und ihrer Trugschlüsse. Sie, an allem, was gut ist, so weit über mir, gab sich mir als Braut, und vertraute mir, m i r, der ich noch vor wenig Tagen jeden Mann für sie zu schlecht hielt – und in der ersten Probe sinke ich schon so schmachvoll tief. Ich schäme mich, so knabenhaft ordinär gehandelt zu haben. Eifersüchtig zu werden, alle Welt vor den Kopf zu stoßen und auf und davon zu fahren! ... – es war ja nicht Mißtrauen, Mißtrauen war es nicht, nur ganz blinde sprudelnde Eifersucht, und es sollte das erste und letzte Mal sein, daß ein solch böses Geniste in mein Kerz kam – es überraschte mich, und in der gänzlichen Neuheit des Dinges wußte ich mich nicht zu nehmen. ... Auch verstandeslos war ich ganz und gar, hat sie nicht eine Doppelgängerin? Redet man einsam bloß mit G e l i e b t e n ? Kann sie nicht einen Bruder haben ? Ist es nicht g a n z und g e w i ß ihr so hoch verehrter L e h r e r gewesen, der eben angekommen, von dem sie es gar nicht erwarten konnte, mich ihm zu zeigen – und wie sie jubelte, wie wir uns verstehen und lieben werden – und hat sie nicht etwa gerade v o n m i r zu ihm gesprochen, und den wichtigen Schritt, den sie tat, vor ihm dargelegt – daß er sie umarmte, tut Bruder und Schwester das nie ? " (S. 111 f) – Eine „ Leidenschaft", die Eifersucht, machte ihn unfähig, seine Beobachtungen richtig, nämlich mehrdeutig zu interpretieren. Der der „ Leidenschaft" zugrundeliegende Affekt ist die Angst, auf Grund von persönlichen Mängeln, die vielleicht nur in der Einbildung des Mannes bestehen, zu Gunsten eines anderen Bewerbers von der Frau benachteiligt zu werden. Freilich ist dieser eigentliche Antrieb der Figur nicht bekannt, auch der Autor scheint ihn nicht zu durchschauen.

Denselben Irrtum wie in den „ Feldblumen" gestaltet Stifter in der „ Mappe", seinem zentralen Werk. Dort ist aber die allzu weit generalisierende kognitive Verarbeitung der Wahrnehmungsinhalte durch den heimlichen Beobachter unter dem Einfluß seines Eifersuchtsmotivs weit weniger unbefangen dargestellt. Der Doktor steht, wie sein Erfinder, unter dem Einfluß eines viel stärkeren Schuldgefühls. Je größer daher die Pein angesichts des Versagenserlebnisses, desto knapper die Berichterstattung darüber in allen Mappen.

Verfehlte Partnerwahl infolge von Verkennung der Persönlichkeit der Frau unter dem Einfluß von bestimmten sexuellen und ästhetischen Wünschen gestaltete Stifter im „Abdias". Die Wunschprojektionen des Helden führen zunächst zur Idealisierung des Liebesobjekts. An der menschlichen Realität zerbricht dann der schöne Wahn. Die Desillusionierung führt zur emotionalen Abkühlung und schließlich zur Ungeborgenheit des Abdias in seiner Ehe. Denn Abdias hat auf seiner Reise „die böse Seuche der Pocken geerbt..., die ihn mißgestaltet und häßlich macht – Deborah verabscheute ihn, als er heimgekehrt war, und wandte sich auf immer von ihm ab; denn nur die Stimme, die gute, treue hatte er nach Hause gebracht, nicht mehr die Gestalt, und wenn sie auch oft auf den gewohnten teuren Klang plötzlich umsah – so wandte sie sich doch wieder schaudernd weg, und wie sie auch ringen mochte – – es war vergebens; denn die arme stumpfe Deborah hatte nur leibliche Augen empfangen, um die Schönheit des Körpers zu sehen, nicht geistige, die des Herzens; und Abdias hatte das einst nicht gewußt; denn als er sie in Balbek sah, sah auch er nichts, als ihre namenlose Schönheit, und als er fort war, trug er auch nichts mit, als die Erinnerung dieser Schönheit. Darum war für Deborah nun ihr Alles, Alles dahin! Er aber, da er sah, wie es geworden, ging in seine einsame Kammer und schrieb dort den Scheidebrief, damit er fertig sei, wenn sie ihn begehre, sie, die nun soviele Jahre bei ihm gelebt hatte. Allein sie begehrte ihn nicht, sondern lebte fort neben ihm, war ihm gehorsam, aber sie blieb traurig, wenn die Sonne kam, und traurig, wenn die Sonne ging". (Abdias, Urf. S. 15). Auch hier hat Stifter die Beeinträchtigung der Informationsverarbeitung in Folge der Präponderanz eines Motivs gestaltet, freilich eines weniger schuldbesetzten und weiterverbreiteten, als in der Mappe.

Stifter ist bei der Darstellung der Anfänge von Fehlanpassungen in Liebe und Ehe nicht stehen geblieben. Er geht sowohl auf die langfristigen Folgen solcher verfehlten Bindungen ein, als auch auf ihre Voraussetzungen in der Person eines oder beider Partner.

Abdias erfuhr im Jugendalter eine väterliche Erziehung, die sich später als starre Programmierung mit entsprechend eingeschränkter Anpassungsfähigkeit auswirkte: „man sieht aus dem, welche Kraft in dem Manne Abdias wohnen mußte, daß er 15 Jahre und noch lange darüber das Härteste erduldete und dabei getan hat, was seinem Herzen und Haupte widersprach, ohne auch nur ein einziges Mal zu seufzen, selbst nicht, wenn er ganz allein war; denn seine Ehrfurcht vor dem Vater und dessen Macht war unbegrenzt, wie sie noch heute in den Vorstellungen patriarchalischer Stämme unbegrenzt ist ..." (Urf. S. 13 f).

Der erzieherische Gewinn für Abdias liegt in seiner hohen Belastbarkeit bei Mißerfolgserlebnissen, in seiner Frustrationstoleranz. Zu einer selbständig geplanten Gestaltung seines Lebens und einer entsprechenden Einwirkung auf seine Mitmenschen gemäß seinen Bedürfnissen trägt der Vater mit seiner Erziehung jedoch nicht bei. Es gibt nur eine Form des spontanen Eingreifens in die Umwelt, die nicht schon der Vater vorgesehen hat, und die über die Rolle des Angehörigen des verfolgten Volkes hinausgeht: die unkontrollierte Aggression. Folge des väterlichen Programms ist freilich auch sie, nämlich als Begleiterscheinung der Versagungen, die es ihm auferlegte.

„Der Teufel des Mordes jauchzte in ihm", so beschreibt Stifter den Abdias. Der „Blutrausch" stieg in ihm an. (Urf. S. 17). Er tötete

sinnlos, ohne daß noch eine Notwehrsituation vorgelegen hätte. Feindseligkeit kennzeichnet auch Abdias Phantasien: Er stellt sich vor, er
wäre einer der Mächtigen der Welt, „und schon im voraus schweifte
der tödliche Hohn durch sein Herz über die Nichtigkeit und Erbärm-
lichkeit der menschlichen Dinge" (Urf. S. 18). Zum eigentlichen Blutrausch kommen andere Akte, die zumindest eine Störung des emotionalen Verhältnisses zu anderen Menschen und zu Tieren andeuten,
eine wenn nicht aggressive, so doch autistische Einstellung erkennen
lassen. Abdias versucht, den Knaben Uram in Afrika zurückzulassen.
Er erschießt infolge eines „Irrtums" (wiederum ein projektives Miß-
verständnis) seinen treuen Hund Asu. Alle diese Akte richten sich
letztlich gegen den Abdias selbst. „Mit diesem Hunde hatte Abdias
ein Unglück, als wenn es mit dem Manne immer hätte so sein müssen, daß sich die Dinge zu den seltensten Widrigkeiten verketten."
(Studien S. 79). Er begeht wegen des Hundes beinahe Selbstmord. Die
Wendung seines mit den sozialen Normen nicht vereinbaren Antriebs
gegen sich selbst ist die letzte Konsequenz dieser „Verkettung der
Dinge". Sie ist vom Dichter schon viel früher, mitten in jener Blutrauschszene angedeutet: „... und doch war dies derselbe Mann, der
später einmal eines Tieres willen beinahe einen Selbstmord begangen
hätte". (Urf. S. 17).

Die autistische Abschließung des Abdias erfährt nur noch einmal
eine Unterbrechung in der Sorge um die Tochter Ditha, die freilich
selbst nicht agieren kann und daher für den Vater kaum Anpassungs-
probleme aufwirft. Erst jetzt im Exil, im Alter, nach dem Verlust
aller anderen (störenden) Bezugspersonen kommt es vorübergehend
zu einem normalen, für eine intakte Familie kennzeichnenden Geben
und Nehmen von Zuwendungshandlungen und zu einer gewissen Sinngebung in dem sonst sinnlos erscheinenden Lebenslauf des Abdias.

Nicht nur und nicht einmal in erster Linie hinsichtlich seiner familiären Situation stellt Abdias das konsequenteste Selbstbild Stifters
in seinem Werk dar. Der sozial desintegrierte Jude, der mit Erwerb,
Besitz und Machtausübung das Problem seiner Zugehörigkeit zu einer
Minderheit kompensiert, der schließlich seine Welt verläßt, um in
einem ihm völlig fremden, geradezu unwirklichen Exil zu leben, eignet sich zur Kennzeichnung der eigenen Dichterexistenz. Bis zu dem
Detail der Pockennarben, durch die Abdias unter seinen Nachbarn ein

Gezeichneter war, wie Stifter in dem Milieu der Wiener Salons, reicht die Parallele. An einer entscheidenden Stelle scheint sie nicht zu bestehen: Abdias arbeitet an einem Lebenswerk, dessen Vergänglichkeit von vornherein feststeht. Das dichterische Werk erhebt den Anspruch auf Dauer. Vielleicht wollte der Dichter die Zweifel an seinem Werk, die ihn nie verließen, mit der hoffnungslosen Geschäftigkeit des Abdias andeuten. Von Abdias heißt es: „Hochachtung, Ansehen, Oberherrschaft — er schwelgte darinnen, ob er gleich recht gut wußte, daß es nur der fabelige Goldesschimmer sei, der ihm diesen Afterschein um Haupt und Glieder lege, aber er ergötzte sich daran ..." (Urf. S. 16). Nehmen wir das Attribut „fabelig" wörtlich für dichterisch, „Gold" für Wort-„Schatz" des Dichters, so erschließt sich die Übertragung. An das Bild vom Dichter erinnert auch der Goldesschimmer um das Haupt, der zu einem priesterlichen Heiligenschein oder auch einem ehrenden Lorbeerkranz als den nächsten Assoziationen auffordert[6].

Noch zentralere Bedeutung haben familiäre Verhältnisse für das Verhängnis zweier weiterer Figuren in Stifters Erzählungen, für Prokop und den Waldgänger. Im „Prokop" (1848) gestaltete Stifter die Ehe als Quelle extremer Ungeborgenheit. Prokop selbst wird als Astronom, Naturwissenschaftler, Dichter mit diesem Geschick fertig. In der „Narrenburg" (1843) rettet gewissermaßen die Tochter des Wirts der Fichtau als Repräsentantin der Idylle den närrischen letzten Abkömmling der Scharnasts für ein normales Leben. Im sehr viel pessimistischeren „Prokop" leben dagegen die Fichtau-Idylle und das Narrenburg-Chaos nebeneinander her, ohne daß es noch zu irgend einer Einwirkung käme. Das sinnvollere Leben wird nur noch als kontrastierender Hintergrund, als eine Lebensmöglichkeit gezeigt.

Im „Waldgänger" (1847) wird dann auch die Alternative nicht mehr gezeigt. Hier bleibt das Leben des Mannes in der Ehe und Familie unbeschadet außergewöhnlicher beruflicher Erfolge unerfüllt, unabhängig auch vom Vorhandensein von Kindern.

Die Erzählung, die uns Aufschluß gibt über Stifters Studienwechsel, und deren unmittelbar autobiographischer Anteil besonders groß ist,

---

6 Von einem ähnlichen Glanz ist die Tochter Ditha umflossen. Er ist mit ihrem späteren Tod durch Blitzschlag ursächlich verknüpft und macht ihre Todesaffinität ebenso sichtbar, wie die Vergeblichkeit der Bemühungen ihres Vaters um dauernde Sicherheit.

reflektiert von verschiedenen Seiten das Eltern-Kind- und besonders das Vater-Sohn-Verhältnis. Ursprünglich will der Held Georg, so wie Stifter selbst, Prediger werden. Dem Vater zuliebe studiert er dann aber die Rechte. Etwas Zeit erübrigt er für Mathematik und Naturwissenschaften, die ihn mehr interessieren. Kurz vor dem juristischen Examen sterben seine Eltern. Nun setzt er mit dem Jurastudium aus und überläßt sich seinem Neigungsstudium der Naturwissenschaften, „und bot alle Kräfte auf, seinem neuen Zwecke näherzurücken, umso mehr, da ihn dazu seine Neigung zog und er das Frühere nur aus Liebe zu seinen Eltern getan hatte". (S. 421) Der „Tod" der Eltern, den wir wohl als ein Verstummen der väterlichen Stimme des Überichs verstehen müssen, ist also für ihn eine Befreiung von einem lästigen Zwang. Georg kommt sogleich nach dem physischen Tod der Eltern ihren Wünschen nicht mehr nach. Bis dahin war er ihnen nur allzu willfährig gewesen. Dieses Verhalten ist dadurch zu erklären, daß er die „Stimme des Vaters" nicht personunabhängig in sein Überich übernommen und sich wirklich zu eigen gemacht hatte. Nur aus Gründen der Rollenkonvention, vielleicht auch auf äußeren Druck hatte er sich zu ihren Lebzeiten nach den Eltern gerichtet.

Wo die Internalisierung der Einstellungen des Vaters in einer so wichtigen Frage mißlingt, kann die Ursache zunächst in einer gestörten Vaterbeziehung vermutet werden. Sie kann dadurch verursacht worden sein, daß der Vater die Erwartungen des Jungen hinsichtlich seiner Vorbildrolle nicht erfüllt hat. Zwar können wir aus dem „Waldgänger" darüber nichts entnehmen. Der Vater erscheint hier geradezu absichtsvoll blass gezeichnet. Wohl aber finden wir in „Bergkristall" eines der wenigen etwas profilierteren Vaterbilder in den Erzählungen. An diesem fällt nun die Außenseiterrolle auf, die er in seiner Gemeinde spielt. Ähnliches scheint für Stifters leiblichen Vater zu gelten (vgl. 11, S. 19).

Außer dem Tod der Eltern gibt Stifter im „Waldgänger" noch eine weitere, rationale Begründung für den Studienwechsel, die gleichfalls gut erkennen läßt, woher seine Gegenmotive gegen sein Brotstudium kamen: „Er war einsam, Einzelkind, scheu, hatte etwas 'Wildes'." – „Darum mochte es auch gekommen sein, daß er sich von der Rechtswissenschaft und den Staatslehren abgewandt hatte, welche überall eine Geselligkeit und einen Zusammenstoß von Menschen voraussetzen, die in lebendiger Leidenschaft, in Gunst und Abgunst auf einander wirken, die es für ihn nicht gab. Darum zog sich sein Herz zur Natur, gleichsam zu Dingen, die schon an sich da sind, die ihm nichts wollen, und deren Ähnlichkeiten schon gesellig mit seinen Eltern lebten, da er bei ihnen heran wuchs" (S. 421 f). Demnach fürchtete er die Interaktion mit Menschen in der Gesellschaft, ihre Gunst und womöglich noch mehr ihre „Abgunst", d. h. er fürchtete ihre Aggressionen. Die Formulierung, es habe ihn zu Dingen gezogen, „die ihm nichts wollen", rechtfertigt wohl diese Deutung. Umso mehr muß ihn bei seinen naturwissenschaftlichen Studien die Einsicht getroffen haben, daß der Mensch und seine Kultur der Abgunst, den Gesetzen der Natur unterworfen ist. Bei Berücksichtigung des starken autobiographischen Gehalts der Erzählung wird so das Problem der „Katastrophennatur" als zweites großes Thema in Stifters Werk neben dem Problem der menschlichen Aggressivität verständlich.

Die andere Möglichkeit, vor der sich offenbar der Waldgänger fürchtet, ist die Untreue der Kinder auch gegen die Mutter: „ . . . und einmal im Spätherbste, als sie an einem gegen die Waldrinne hingehenden Abhange saßen, da die Sonne schon müder schien . . . sagte der Knabe: 'Vater, ich gehe nicht von Euch, solange ich lebe'. 'Mein Kind', antwortete ihm der Waldgänger, 'du wirst um vieles länger leben, als ich und du wirst auch früher von mir gehen, als ich sterbe, und als du dann allein fortleben müßtest. Es bleiben ja nicht einmal die eigenen Kinder bei den Eltern, geschweige denn fremde; sondern sie gehen alle fort, um sich die Welt zu erobern, und lassen die Eltern allein zurück, wenn ihnen diese auch alles geopfert, wenn sie ihnen ihr ganzes Glück und das Blut ihres Herzens gegeben hätten. Es wird auch schon so das Gesetz der Natur sein. Die Liebe geht nur nach vorwärts, nicht zurück. Das siehst du ja schon an den Gewächsen: der neue Trieb strebt immer von dem alten weg in die Höhe, nie zurück; der alte bleibt hinten, wächst nicht mehr und verdorrt . . . Du liebst ja auch Deine Mutter nicht so, wie du von ihr geliebt wirst. Es ist sehr selten, sehr selten, daß ältere Söhne noch bei ihren Vätern bleiben' " (S. 409 ebd). Georg bezieht die Universität: „Die Mutter hätte ihr Kind am liebsten bei sich behalten, und hätte sich keine größere Seligkeit denken können, als wenn alle Tage einer nach dem anderen gekommen wäre, und ihr unschuldiger Knabe immer neben ihr gespielt hätte. Aber wie sie eine verständige Frau war, die einsah, daß er seinem Stande gemäß hinaus müsse, um zu lernen, und gleich seinem Vater etwas zu werden...; so opferte sie sich auch hier und ließ ihren Sohn von sich, ohne ein Wort der Einrede dagegen zu sagen." (ebd. S. 145). Ganz entsprechend wird das Parallelereignis der Mutter-Sohn-Trennung bei dem Heger-Jungen Simi mittels der bedeutsamen Auslassung gestaltet: „Das Heger-Haus war nun sehr einsam, da die beiden durch den Wald fortgegangen waren, und der dünne Rauchfaden stieg gleichsam betrübt zu dem grauen Novemberhimmel hinauf, als sich die Hegerin zu Mittag eine Suppe kochte, die sie immer, wenn ihr Mann nicht zuhause war, statt gesetzmäßig zu kochen, schnell machte, und auf dem Schemel des Küchenstübchens sitzend, wo sie sonst die glatten blonden Haare des Knaben gekämmt hatte, aß" (ebd. S. 411). Der nachmalige Waldgänger besucht in seiner Studienzeit nach drei Jahren seine Eltern auf ihrer Pfarre: „Der Sohn blieb solange zuhause, als es seine Geschäfte gönnten, und als es die Liebe heischte, daß er bleibe, ohne deßwegen demjenigen was für seine Zukunft nötig wäre, Abbruch tun zu wollen" (ebd. S. 419). Allen diesen Texten gemein ist die betont vernunftmäßige, „verständige", ohne innere Bejahung befolgte Normenkonformität der Figuren. Die äußerliche Befolgung, die an die Umstände des Erststudiums Georgs erinnert, ist zu verstehen als ein Akt der Sozialisation, der Anpassung an die Verhaltensnormen der Biedermeierkultur. Deren sprichwörtliche Enge und Rigorosität nahm im Laufe der Entwicklung immer noch zu auf Grund des einsetzenden sozialen Wandels der Familie. Die Tendenz zur Isolierung von Kleinfamilien mit nur zwei Generationen hatte eine bis dahin unbekannte Intimisierung des Familienlebens zur Folge, die zunächst mit einem angestrengten Inzesttabu kontrolliert wurde. Die Folge war eine g e n e r e l l e Beschränkung des individuellen Selbstverwirklichungsbedürfnisses aus Angst vor Übertretung des e i n e n Verbotes.

Gegen Ende der Erzählung „Der Waldgänger" wird das Streben nach Kindern völlig entwertet. Die natürliche Reproduktion des Menschen erscheint als ein sinnloses Kreislaufgeschehen mit ständig wiederholten Konflikten zwischen den Ansprüchen der Kinder und den Erwartungen der Eltern. Damit wird vom Dichter auch die Familie selbst entwertet. Georgs „Kinder wurden groß und gingen fort. Der unbändige Hang zielte nach keiner Vergangenheit, ja er fragte nicht einmal nach einer, als wäre sie nicht gewesen, wie Georg es als Waldgänger in dem Gleichnisse der strebenden Pflanzenäste zu dem Hegerbuben sagt. Einer dient zu Schiffe, ist auf allen Meeren und schreibt alle zwei, drei Jahre einen Brief, der andere durch Lust an Naturgegenständen überwältigt, warf sich auf Zeichnen und Malen und ging, da sich eine Gelegenheit bot, voll Freuden nach Südamerika, von wo er fast gar nicht schreibt. Die Mutter der Knaben ist gestorben – und Georg ist wieder allein, wie er es ja, wenigstens von den erstrebten Kindern aus, sein mußte – der zurückgelassene, verdorrte Ast, wenn die Neuen voll Kraft und Jugend zu neuen Lüften emporwachsen, in ihr Blau, in ihre Wolken, in ihre Sonne emporschauen, und nie zurück auf den, woraus sie entsprossen. Diese Söhne werden gerade so einst Briefe bekommen, daß ihr Vater gestorben sei, wie dieser Vater, als er in seinen Studien begriffen war, erfahren hatte, daß er keine Eltern mehr habe und beide in der Erde begraben liegen. – Und so wird es fortgehen, wie es von seinen Eltern her fort gegangen ist, wie es bei seinen Söhnen fort geht, und wie es bei dem Heger-Buben fort gehen wird, … " (S. 468). Hier läßt Stifter in seiner Argumentation die auf die sozialen Aufgaben des erwachsenen Menschen bezogenen Normen zurücktreten und ersetzt sie durch eine naturalistisch-organologische Argumentation. Danach gibt es ein Naturgesetz der Verlassenheit, dem im Alter alle Menschen unterliegen. Diese Behauptung wird durch die geschilderten Sachverhalte noch unterstrichen: Die beiden Söhne des Waldgängers gehen extrem weit fort, sie verlassen ihre Kultur, was eine Flucht aus dem elterlichen Umkreis andeutet.

Dasselbe totale Erlöschen des Elternbildes in dem herangewachsenen jungen Mann, wie er es selbst in seiner Jugend erlebt hat, befürchtet der a l t e Waldgänger bei allen Angehörigen der auf ihn folgenden Generation auf Grund des Verhaltens seiner eigenen Kinder. Tatsächlich ist aber Georgs Studienabbruch lediglich ein persönliches Problem, das er nun unkritisch verallgemeinert. Der Waldgänger glaubt ernsthaft, alle Welt werde den Eltern „untreu". Dies ist eine tendenziöse Interpretation der allgemeinen Entwicklung der Familie in unserem Kulturkreis, in die die Befürchtung projiziert wird, andere Menschen, nämlich die eigenen und fremde Kinder, könnten dieselbe feindselige Einstellung gegen ihn, den Vater entwickeln, wie er sie gegen seine Eltern hatte, und wie Stifter selbst sie gegen seine Mutter und seinen Vater eingenommen haben dürfte[7].

Krasser noch, als das Unbehagen an der Familie, das der Waldgänger empfindet, ist die völlige Ungeborgenheit dargelegt, in der Corona als Jugendliche in ihrer Familie leben muß. „... – man beachtete sie entweder gar nicht oder man wollte sie verführen" (S. 432). Die Anbahnung von außerehelichen Sexualbeziehungen trifft dabei zusammen mit finanziellen Auseinandersetzungen und unerlaubten inzestuösen Beziehungen im Zusammenhang mit dem Stiefelternproblem. Georg versucht Corona aus diesen Verstrickungen zu befreien, indem er mit ihr eine Ehe aufbaut. Das Ergebnis ihres Bemühens ist aber, daß das Familienmodell, wie es ihre Kultur ihnen überliefert, einem so schwer traumatisierten Menschen wie Corona keine Geborgenheit zu geben vermag.

Schließlich gibt es noch einige knappe, im Werk verstreute Hinweise auf eine Form des Konflikts in der Familie, der in ihrem Rahmen nicht gelöst werden kann und dementsprechend zu einer Vermeidung des Familienlebens führt: den Kampf zweier Brüder oder naher Verwandter (Narrenburg, Urf. S. 68, verschränkt mit der Vorgeschichte des Sanften Obrists, Urf. S. 128). Eine literarische Verarbeitung traumatischer Kindheitserlebnisse des Dichters ist denkbar, aber nicht nachweisbar. In diesem Fall ist der ursprüngliche Neid auf die jüngeren Geschwister um die Gunst der Mutter, ihr „Erbteil", das Ausgangsmotiv. Daß Stifter bei der Wahl der Thematik auf das Repertoire des Sturm und Drang zurückgreifen konnte, spricht durchaus nicht gegen eine solche Motivierung aus seiner Lebensgeschichte. Auf die Verwandtschaft dieses Motivs mit dem Eifersuchtsmotiv in einer ganzen Reihe Stifterscher Erzählungen hat schon Moriz Enzinger hingewiesen (10, S. 375). Enzinger denkt an eine Fixierung Stifters an Fanni Greipel, die ihn zu dieser einseitigen Motivauswahl geführt hätte. Die Ersetzung des Streitobjekts Geliebte durch dasjenige des mütterlichen Erbteils verrät jedoch die viel weiter in der Lebensgeschichte des Autors zurückliegende Wurzel aller dieser Wiederholungen.

---

7 Die Einsamkeit der Alten tritt ebenfalls auf Grund des Wandels zur Kleinfamilie in dieser Zeit als soziales Problem auf.

2.1.2 Geborgenheit im Bereich der Familie

„Kein Wunder also, wenn er sich das kindliche und Verwandtenver-
hältnis mit umso lieblicheren Farben malt, weil es ihm unbekannt
ist und weil er sich so sehr darnach sehnt. Immer drangen sich ihm
Bilder auf von väterlicher Liebe und mütterlicher Sorgfalt, und es
stellen sich ihm Scenen dar aus glücklichen Familienleben: wie der
Sohn die Früchte jahrelanger Bemühungen, den glücklichen Erfolg
schwerer Entwürfe, und den Ruhm großer Thaten niederlegt in den
Schoß grauer Eltern und mit belohnender Selbstachtung sagen kann:
'Seht, das hat Euer Sohn getan'" („Julius", 2, S. 12).

Nie wieder hat Stifter den Wunsch nach Geborgenheit in der Familie so offen dargestellt. Wunscherfüllende Familienbilder, die man
in der Nachfolge des „Julius" erwarten könnte, fehlen im Werk. Es
gibt nur eine Ausnahme: In der Familie des Wirts in der Fichtau haben die Familienmitglieder eine Glückschance. Diese idyllische Familienkonstellation hat der Dichter im „Prokop" noch einmal wiederholt. Wir können daher die Merkmale dieser Familie, die ihre Kon-
fliktfreiheit bedingen, besonders gut isolieren. In beiden Vorkommen,
in der „Narrenburg" wie im „Prokop" ist der Wirt in seiner Berufsrolle wie als Vater hervorgehoben. In der „Narrenburg" hat er nur
eine Tochter, die für den Fortgang des Geschehens wichtig wird. Im
„Prokop" ist die Familie um ein zweites Kind erweitert. Es ist ein
Sohn, der aber ein Schattendasein in der Erzählung führt. Dasselbe
gilt für die Mutter in beiden Versionen der Darstellung.

Was bedeutet diese Personenliste für die Beziehungen, die zwischen den Familienmitgliedern bestehen? Das emotionale Verhältnis
des Wirts zu seiner Tochter ist eng. Das erkennbare Elektraverhält-
nis ist sogar ausschlaggebend für die Harmonie der Familienidylle.
Das ist nur möglich, weil das Ödipusverhältnis unterschlagen wird.
Die Figuren von Mutter und Sohn könnten die entsprechenden Rollen
infolge ihres Staffagecharakters in der Darstellung nicht spielen (vgl.
S. 499). Eine enge emotionale Beziehung zwischen Mutter und Sohn
nach dem Muster der Vater-Tochter-Beziehung wäre der idyllischen
Wirkung zugute gekommen. Dennoch hat der Dichter diesen Teil des
familiären Geschehens ausgespart. Über die Gründe dafür können wir
infolge der Unzugänglichkeit der Biographie nur Hypothesen bilden:

1. Auf Grund des starken eigenen Inzesttabus wäre ihm eine solche Darstellung peinlich gewesen, während er dem Vater-Tochter-Verhältnis unbefangener gegenüberstand. 2. Die Harmonie zwischen Mutter und Sohn hätte (wiederum nach eigener Erfahrung) einen Vater-Sohn-Konflikt impliziert, der der idyllischen Wirkung abträglich gewesen wäre. 3. Eine idyllische Harmonie zwischen Mutter und Sohn konnte der Dichter auf Grund der eigenen ambivalenten Einstellung zu seiner Mutter nicht gestalten. Um den Preis der Unvollständigkeit der Darstellung ist Stifter hier ein einziges Mal die Darstellung einer Familie gelungen, die ihren Mitgliedern, besonders den Kindern, Geborgenheit bietet und die auch im Leser der Narrenburg eine optimistische Erwartung hinsichtlich einer Lösung der anschließenden Wirrnisse stiftet.

Angesichts des Gesamtwerks darf aber geschlossen werden, daß unser Dichter von den überkommenen Formen der patriarchalischen Familie wenig erwartet hat. Aus seinen Aussparungen in dem Familiengemälde der Fichtau können wir entnehmen, daß er die familienimmanenten Konflikte für unlösbar gehalten hat. Seine Skepsis ergab sich einmal aus seinen Erfahrungen mit den Persönlichkeiten seiner Bezugspersonen, die ihn geprägt hatten. Der Umstand, daß es nirgends im Werk, nicht einmal in der so unbeschwerten Fichtau, zu einer vollständigen Darstellung einer befriedigend ausgefüllten Mutterrolle kommt, deutet darauf hin, daß das Mutterproblem eine Hauptquelle der Verstörung ist und der ganze Komplex als unauflösbar ausgeklammert wird. Zum zweiten ergaben sich in Stifters Augen unlösbare Konflikte aus der Personalunion der Rollenträger, die die zahlreichen divergierenden Aufgaben dieser Intimgruppe wahrnehmen müssen. Dabei mag Stifters Skepsis auf Grund kindlicher Erfahrung auch der Vaterfigur als dem Inhaber der Disziplinargewalt gegen das Kind und gleichzeitigem Sexualpartner der Mutter gegolten haben. Genauere Auskünfte erhalten wir aus dem Werk nicht. Wohl aber hat uns der Dichter erkennen lassen, welche Auswege er ins Auge gefaßt hatte. Im Werk finden sich Ersatzformen des vertrauten Zusammenlebens von Menschen in kleinen Gruppen. Es sind nicht die Experimente unserer Zeit, die er erwägt, wie etwa die konsequent intendierte unvollständige Familie mit einem außerhalb stehenden, nicht leiblichen Vater, die Ehe zu dritt usw. Als Dichter der Biedermeierkultur hat er grundsätzlich an familienähnlichen Gruppierungen als Zielvorstellung vom Zusammenleben seiner Figuren festgehalten. Sein Spielraum ist daher sehr eng geblieben.

Für Stifter ist die literarische Verarbeitung seines Familienkomplexes auf dem Wege der Darstellung zwischenmenschlicher Konstellationen mit Adoptivcharakter kennzeichnend. Den methodischen Zugang zu diesem Bereich literarischer Verarbeitung verdanken wir der sozialpsychologischen Analyse der Rollendefinitionen und des Geflechts der Rollenspiele innerhalb der französischen bürgerlichen Familie in der Zeit der letzten Jahrhundertwende, die David C. McClelland vorgelegt hat (26). Er hat darin am Beispiel André Gides gezeigt, wie Autoren mit einer starken Fixierung an ihre Mutter den in unserem Kulturkreis besonders engen Spielraum der abweichenden Gestaltung der Intimgruppe im Interesse ihrer (literarischen) Selbstverwirklichung nutzen können. Er stieß dabei auf das zentrale „Thema des Adoptivkindes" in der französischen Rechtsphilosophie und Rechtspolitik. Die in der politisch-sozialen und wissenschaftlichen Auseinandersetzung um dieses Thema wirksamen „kulturellen Werte" versteht McClelland als kulturspezifische Verarbeitungsform „gewisser universeller Themen der menschlichen Erfahrung", worunter er auch die Verarbeitung der Problematik des Dreiecksverhältnisses Vater, Mutter, Kind erfaßt (26, S. 135).

Es gilt nun zunächst zu klären, was sich Stifter von der Adoption versprochen hat, welchen „Wert" er ihr zuschrieb. Die Schicksale zweier parallel gestalteter Figuren vermögen uns darüber Aufschluß zu geben. Das „wilde Mädchen" im „Katzensilber" soll adoptiert werden. Der Versuch scheitert, die Sozialisierung des Kindes mißlingt. Im „Waldbrunnen" wird an dem „braunen Mädchen" dann eine erfolgreiche Adoption geschildert. Immer ist die Adoption dabei eine Gegenleistung der Erwachsenen für die Lösung von sozialen Aufgaben, die die Kinder stellvertretend für Erwachsene übernommen haben. Im „Katzensilber" rettet das Mädchen die Familie wiederholt aus Naturkatastrophen. Im „Waldbrunnen" rettet es den alten Heilkun vor der Verzweiflung eines sinnlosen Lebensabends. In zwei anderen Erzählungen, „Bergkristall" und „Brigitta", übernehmen es die Kinder, die Familie und Ehe wieder zusammenzufügen. In beiden Fällen werden die Kinder am Ende endgültig von den Eltern akzeptiert. Es handelt sich zwar hier um leibliche Kinder der Eltern, bei denen sie aufgenommen werden, dennoch können wir auch in diesen Fällen im weiteren Sinne von einer Adoption sprechen, einer Übernahme der Elternverpflichtung auf Grund einer freien Entscheidung, nicht auf Grund der Rollenkonvention und des Diktats der Natur. Die eigentliche Leistung aller dieser Kinder besteht darin, daß sie ihren erwachsenen Bezugspersonen Geborgenheit und Lebensmut geben. Die von ihnen herbeigeführten Formen des Zusammenlebens sollen den Leser hoffnungsvoll anmuten. Außer im „Katzensilber" kommt es zu regelrechten happy ends. Das weitere Leben in den (wieder) entstandenen „normalen" Familien zu schildern, erspart sich der Dichter auf diese Weise. In seiner „verkehrten Welt" sind Kindern Aufgaben zugedacht, die in der realen Welt unserer Kultur die Erwachsenen wahrzunehmen haben, denen sie aber nicht gewachsen sind.

Stifters Einstellung gegenüber Kindern scheint grundsätzlich davon abzuhängen, ob sie in eine Familie integriert sind oder nicht. Von der förmlichen Kinderphobie in den Abschnitten „Am Waldhange" und „Am Waldrande" des „Waldgängers" bis zu der rührenden Darstellung der Kinder als Glieder der Kindergesellschaft im „Kalkstein" reicht seine Einstellungsskala. Bedingung des Glücks der Kinder und damit der Zuwendung, die der Dichter uns im „Kalkstein" erleben läßt, ist die Aktivität des Pfarrers. Dieser väterliche Freund der Kinder lebt im Zölibat und er übt als Erzieher die Disziplinarrolle nicht erkennbar aus, wohl aber die des Beschützers und Fürsorgers. Seine Beziehungen zu den Kindern können durch Rollenkonflikte kaum getrübt werden. Stifter hat seine Rolle als Schulmann, Pädagoge und als Ersatzvater ähnlich aufgefaßt. Die Adoptionen, die Stifter schildert, wirken sich nicht nur zu Gunsten der Kinder aus, sondern auch zu Gunsten der (Ersatz-)Eltern. Die Adoption erspart ihnen jene Trübung des Verhältnisses zur nächsten Generation, wie sie etwa der Waldgänger Georg an seinen Kindern erfährt. Sein düsteres Gegenbild führt uns auf die Spur des eigentlichen „Gewinns", den die außerfamiliären Formen erbringen: Wir hatten ja die mit der kindlichen Gefügigkeit einhergehende Ablehnung des Vaters durch Georg, den späteren Waldgänger, für die Störung seiner Entwicklung als Ursache erkannt. Der erwachsene Mann, der ein älteres Kind adoptiert, erspart sich diese aus der Rivalität um die Mutter und aus Frustrationen an der nichterfüllten Vorbildrolle des Vaters erwachsenden Aggressionen, die sich gegen ihn richten können.

Rechtsgeschichtliche Untersuchungen zum „Thema des Adoptivkindes" stehen noch aus. Sie könnten klären, ob es im Kreise der österreichischen Restaurationskultur Bestrebungen gegeben hat, bestimmte Werteinstellungen zu diesem sozialen Problem verbindlich zu machen, sie womöglich zu normieren. Einen gewissen Anhaltspunkt geben uns Moriz Enzingers Untersuchungen der Lehrbücher, die Stifter im juristischen Studium in Wien benutzt hat (9). Danach zieht sich durch alle diese Lehrbücher der kulturimmanente Konflikt zwischen aufklärerischen Bestrebungen des Josefinismus, die sich vor allem in naturrechtlichen Auffassungen niederschlugen, und den damit im Widerspruch stehenden kanonischen Rechtsauffassungen (9, S. 89). Stifters Lehrer des Kirchenrechts war Prof. Thomas Dolliner, „der selbst ein im josefinischen Geiste verfaßtes Handbuch des Eherechtes herausgab (Wien 1814 und 1818) und darin zu erweisen suchte, daß sogar nach katholischen Grundsätzen die Eigenschaft des Sakramentes nicht zum Wesen und Begriff einer gültigen Ehe gehöre und noch andere mit dem kanonischen Recht nicht harmonierende Lehren aufstellte ..." (9, S. 88). Ein anderes Lehrbuch, das dem Unterricht im Kirchenrecht zugrundelag, war Georg Rechbergers „Handbuch des österreichischen Kirchenrechts", in welchem „die sakramentale Auffassung neben der staatlichen nicht preisgegeben wird" (9. S. 89). Dieselbe Auffassung vertrat Egger, ein anderer juristischer Autor der Zeit, den Stifter gekannt haben dürfte (vgl. 9, S. 197).

Im Hinblick auf Stifter ist wichtig, daß beide Rechtsauffassungen, die kanonische ebenso wie die josefinische, die Familie vor allen anderen Gesellungsformen sanktionierten (vgl. 9, S. 196). Die juristischen Autoren, soweit sie uns durch Enzinger bekannt sind, denken stets an die Familie als sozialen und kulturellen Ort der menschlichen Reproduktion, als Urzelle (9, S. 196). Der Umstand, daß die rechtliche Rolle des nichtleiblichen Kindes in der Familie an diesen Kernstellen der Lehrbücher nicht abgehandelt wird, deutet darauf hin, daß dem Adoptivkind in der Restaurationskultur eine Außenseiterrolle zugedacht war, weil seiner Integration bestimmte Bedenken entgegenstanden. Hier müßte allerdings noch weiter geforscht werden, bevor endgültige Schlüsse gezogen werden können. In Stifters Werk finden wir jedenfalls eine Reihe von offenbar zeitbedingten Argumenten gegen die Adoption, die zum Teil recht unverbunden neben den Hoffnungen stehen, die sich bei ihm auf die Adoption richten.

Unsere Hauptquelle für Stifters Vorbehalte gegenüber der Adoption ist der „Waldgänger" (1847). Am Ende des ersten Abschnittes „Am Waldwasser" verläßt der Hegerbube Simi seine Heimat. Der Waldgänger vereinsamt erneut. Weder seine Vaterrolle gegenüber seinen leiblichen Kindern noch seine Rolle als Ersatzvater Simis haben ihn vor der Hoffnungslosigkeit dieses Lebensabends bewahrt.

Stifters desillusionierte Einstellung dürfte nicht allein seinen positiven „Erlebnissen" im Sinne der älteren Biographieforschung zuzuschreiben sein, wie es Walter Rehm versucht hat (27, S. 343). Dagegen spricht, daß Stifter zum Zeitpunkt der Niederschrift des Waldgängers zwar den Tod Gustav Scheiberts, noch nicht aber die Katastrophe mit seiner Ziehtochter Juliane und den Tod der „Nichten" erlebt hatte.

Eine Stellungnahme anderer, direkter Art gegen die Adoption ist Coronas Plädoyer für die Auflösung der Ehe mit Georg: „Und wenn du, wie du einmal gesagt hast, den Knaben des verstorbenen Zimmergesellen an Kindesstatt annimmst, so bedenke, daß angenommene Kinder keine eigenen sind. Wer eine Pflicht übernimmt, ohne die Grundlagen der Pflicht erzeugen zu können, der macht ebenfalls ein Mißverhältnis der Dinge, das sich in den Folgen rächt. Tue ihm Gutes, versorge ihn, aber verlange nicht, daß er dein Sohn sei ... Ein Kind, Georg, kannst Du nur auf dem Wege erhalten, den ich Dir angegeben habe", nämlich durch Scheidung und Wiederverheiratung mit einer anderen Frau (Waldgänger, S. 460).

Dies ist eine strikte Folgerung aus dem Naturrecht, das alle Rechte des Menschen aus s e i n e r Person ableitet, nicht aus Rechtsverhältnissen zu anderen Menschen. Eine biographische Erklärung der Abneigung gegen die Adoptivkindschaft, die Stifter Corona in den Mund legt, ergibt sich daraus, daß Stifter selbst einen Stiefvater hatte. Es entsprach seiner Lebenserfahrung, wenn Corona sagt: verlange nicht, daß er dein Sohn sei. In der Auseinandersetzung der Ehepartner spiegelt sich vor allem ein kultureller Konflikt der Restaurationszeit wider: die ideologische Interpretation der Ehe einerseits als Sakrament, andererseits als Vertrag. Die religiöse Auffassung sondert die Familie als etwas sakrales, gottgewolltes und unauflösliches aus den anderen Gesellungsformen aus, scheint aber auf die Blutsverwandtschaft der Kinder nicht in erster Linie abzuzielen; denn alle Kinder sind von Gott. Die von der josefinischen Auffassung intendierte Zivilehe muß dagegen sozusagen auf leiblichen Kindern bestehen, da sich nur hieraus die naturrechtliche Sonderung der Familie als sanktionierte Gruppe ableitet. Ohne die Blutsverwandtschaft der Kinder mit den Eltern, bei denen sie aufwachsen, verliert die Zivilehe diese (vom Naturrecht vorgesehene) Sonderstellung. Ohne sie wäre die Familie eine beliebige, wertfreie Kleingruppe, etwa in demselben Sinne, wie sie es heute als Gegenstand der modernen Sozialforschung ist. Durch das Fortfallen der blutsmäßigen Begründung des Inzestverbots, die selbst ja nur eine biologistische Rationalisierung (Inzucht-Argument) darstellt, würde das Inzesttabu, wenn auch nur von ferne, infrage gestellt. Eben dies hatte die junge Corona als Waise erlebt. Auch erleichtert die Adoptionsfreiheit die außereheliche Sexualität der Ehegatten, da sie außereheliche Kinder in der Familie unterbringen bzw. sie im Einverständnis des männlichen Partners unterschieben können, wie es in der alten Zeit im Adel häufig geschah, und wie es Stifter aus der Familie Metternichs bekannt gewesen sein mag.

Stifter hat wohl absichtlich die Frau den Versuch machen lassen, die moderne Auffassung ad absurdum zu führen, weil aus ihrem Munde die „natürliche" Begründung glaubhafter wirkt, als wenn sie der Mann vorgetragen hätte. Parodistisch gelockert hat Stifter viel später die Gefahren einer Adoption dargestellt im „Frommen Spruch". Darin erweist sich am Ende die quasi inzestuöse Deutung des Verhaltens der jungen Leute gegenüber ihren Erziehern als Irrtum, bei näherem Zusehen als Wunschprojektion der Ersatzeltern.

Das Thema des Adoptivkindes schließt zwei Rollenaspekte ein. Es berührt nicht nur den Erzieher, sondern auch den Erzogenen. Welchen „Wert" läßt Stifter nun die Objekte der Adoption an diesem Vorgang erfahren[8]?

8 Auch diese Fragestellung ist methodisch an der bürgerlichen französischen Literatur orientiert: André Gide stellt in den „Falschmünzern" die Wunschprojektion eines jungen Mannes dar, nicht mit dem von ihm gehaßten Vater verwandt, sondern nur von ihm adoptiert zu sein. McClelland behandelt die „passive Adoption" nicht. Seine Untersuchung beschränkt sich auf den „Theseus".

Bei der Untersuchung dieser Frage erweitern wir den Rahmen der Fälle wiederum und beziehen alle Näherungsformen der Adoption ein. Wir stoßen bereits in den Frühwerken, im „Julius" und den „Feldblumen" auf eine solche Form: Das literarische Motiv der Aufdeckung der eigenen geheimen (adligen) Abkunft durch junge Menschen, also etwas ähnliches, wie Freuds „Familienroman" (vgl. 9, S. 104 ff und 4, S. 13). Die Reihe setzt sich fort in der Rahmengeschichte der „Narrenburg": Heinrich braucht sich nur zu seiner Abkunft zu bekennen, um rechtlich als Scharnast zu gelten. Wie im „Julius" sichert dem Helden auch hier seine Abkunft die Ehechance, denn der Fichtau-Wirt hätte Heinrich seine Tochter sonst nicht gegeben. Die glückliche Ehe aber ist es, die den letzten Sproß der Scharnasts von seinem Narrentum befreit und der Tradition der lieblos aggressiven Männer des Geschlechts ein Ende setzt. Sie ist Heinrich dann nurmehr „Dichtungsstoff". So mag denn seine adlige Herkunft Symbol seiner Dichter-Sonderstellung als erhabener Außenseiter sein, er ist ein ins Optimistische gewendeter Abdias.

Optimistisch beurteilt am Ende auch der junge Victor das Experiment seines Onkels. Im Laufe der Erzählung entpuppt sich der Hagestolz immer mehr als Stifters Wunschbild eines Vaters (vgl. besonders Urf. S. 369). Wie Abdias ist er einer der nichtempfindsamen, ja indolenten Männer in Stifters Werk, mit streng aufklärerischer, rechenhafter Vernünftigkeit und rokokohafter Skepsis. In den Augen dieses Mannes sieht die Liebe anders aus als irgend sonst bei Stifter (vgl. Urf. S. 370). Auf der einsamen Insel des Hagestolz erfährt Victor eine väterliche Nacherziehung. Seine Bildung oder Reifung in diesem Prozeß ist aber nichts anderes, als die Distanzierung von seiner Pflegemutter und ihrer extremen Empfindsamkeit und Überbehütung. Nirgends sonst im Werk ist auch der erwünschte Nebeneffekt der Adoptionen: die Abwesenheit von Mutterfiguren, so offen gestaltet, außer vielleicht im Rahmen der Pechbrenner, wo der Großvater den Buben vor der weiblichen Übermacht geradezu rettet, indem er ihn mit auf eine Wanderung nimmt.

Die Bilanz des Hagestolz, des Adoptivvaters auf Zeit, fällt ähnlich ungünstig aus, wie es Corona im „Waldgänger" für ihren Mann vorausgesehen hatte: „Du trägst den schönen Körper durch die Wellen ...; -- aber was ist's? -- Es ist ein Gut, das weit, weit, weit jenseits aller Räume liegt, ein Gut, von dem die Stimme zu mir ruft: Du hast es verscherzt, Du wirst es nie erreichen, daß sein Auge auf Dich schauet; denn Du hast es nicht gesäet und nicht gepflanzet-..." (Urf. S. 363). In der Studienfassung lautet der letzte Halbsatz: „— du wirst das Gut seines Herzens nicht erlangen, weil du es nicht gesäet und gepflanzt hast." (S. 327). Der Kausalnexus ist also noch verstärkt, die Adoptionskritik noch rigoroser zum Ausdruck gebracht.

Das Fehlen der Mutter in den durch Adoption neu geschaffenen Gruppen, wie sie die Adoptierten erleben, läßt uns einen Teil des „Gewinns" der Wunschphantasie, adoptiert zu werden, erschließen. Im „Julius" und in der „Mappe" (vgl. S. 106) in dem ersten und in dem gewichtigsten Werk Stifters, fällt uns das Fehlen der Mutter am meisten auf. Diese Auslassung hat zwei Gründe. Sie ermöglicht es Stifter, die Familienkonstellation der Kindheit des Brautwerbers sehr ähnlich in seinem Erwachsenenleben abzubilden. Die Stelle der Mutter nimmt das Mädchen ein, die Stelle des Vaters der Schwiegervater. Ein solches künstliches Vater-Sohn-Verhältnis hat Vorteile für den jungen und für den alten Mann. Einerseits sind bei dem Liebeswerben um das Mädchen dem Vater in seiner Rolle als „Konkurrent" die Hände gebunden und nicht, wie einst in der Kindheit, dem Sohn. Andererseits kann das Vorbild des Ersatzvaters ungehindert positiv wirken, weil kein Konfliktstoff zwischen „Sohn" und Ersatzvater vorliegt. Tatsächlich erleben wir den Obrist in der „Mappe" vor allem in der Vorbildrolle. Nirgends äußert er Furcht vor Vereinsamung oder davor, aus dem Gedenken seiner Kinder zu verschwinden oder von ihnen als Verhaltensvorbild auf die Dauer nicht ernstgenommen zu werden, wie es im Waldgänger der Fall ist. Voraussetzung eines so angenehmen Gebens und Nehmens ist freilich, daß sich die beiden Männer auch einig werden. So heißt es denn noch in der „Letzten Mappe", in der ja die gattungsbedingte Kürze der Komposition keine Rolle mehr spielt, recht unvermittelt am Ende der wie stets faktenarmen und empfindsamen Liebesszene voller sakraler Reminiszenzen: „Wir hatten uns an den Händen genommen, und sahen uns in die Augen. Dann machte sie eine Bewegung gegen den Garten zu, in welchem sich ihr Vater befand. Ich folgte ihr, und wir gingen zu dem Obrist in den Garten.

Ich suchte mich in den nächsten Tagen zu finden, und wie ich denn nun zu dem Obrist stehe" (Letzte Mappe, S.164). Wenige Zeilen darauf tritt bereits die Nebenfigur Rudolf auf, die nun den Part des Nebenbuhlers für den Vater übernehmen muß, im übrigen aber nicht in die Erzählung integriert ist.

Der zweite Grund für die Aussparung der Mutterfigur, die ja nicht einmal als Ersatzmutter zugelassen wird, besteht unabhängig von der möglichen ödipalen Verstörung. Sie soll den Glanz der Ersatzvaterfigur nicht überstrahlen, etwa auf Grund ihrer größeren Autorität. Ihr Fehlen soll überdies den „Sohn" vor dem Ambivalenzkonflikt von Liebe und Haß bewahren, den Stifter seiner starken Mutter gegenüber höchstwahrscheinlich erlebt hat.

Auf die idealisierten Adoptivvaterfiguren scheint Stifter alle seine positiven Elternwünsche und vielleicht auch -erfahrungen projiziert zu haben, neben den väterlichen auch die mütterlichen. Die virile Charakteristik seiner Mutter mag das erleichtert haben.

Am nachdrücklichsten hat Stifter die Chance der Bildung und Selbstverwirklichung eines jungen Menschen in einer pseudofamiliären, locker gefügten Gruppe im „Nachsommer" gestaltet.

Die „passive Adoption" ist in Stifters Erzählungen einschränkungslos der Königsweg zum Glück. Nirgends begegnet eine Trübung etwa aus seiner Erfahrung mit dem Stiefvater, wie man sie erwarten könnte. Vielmehr scheint eine andere Phase seines Lebens hier als literarische Wunscherfüllung weitergeführt zu sein: Bei seinem Umgang in fürstlichen, adligen und großbürgerlichen Häusern Wiens hat die Möglichkeit für ihn bestanden, durch Kooption sozial und geistig aufzusteigen.

2.2 Das Zeitkontinuum

In große zeitliche Ferne gerückte soziale Beziehungen unterliegen in Stifters Erzählungen einer noch stärkeren pessimistischen Einschätzung und vermitteln den Eindruck von Angst und Unruhe noch nachhaltiger, als Gegenwartsdarstellungen. Die Ursachen liegen in Stifters besonderem Bildungsschicksal begründet.

Stifter hat zwar einerseits ein Bildungserlebnis mit einem ebenso (religiös) aufklärenden Effekt, wie er es der Begegnung mit den Naturwissenschaften verdankte, an der Geschichtswissenschaft nicht erlebt. In seiner Jugend war sie noch nicht genügend fortgeschritten, später hat er sich zwar mit ihrer quellenkritischen Methode intensiv beschäftigt, ohne sich aber über die grundsätzliche weltanschauliche Bedeutung der wissenschaftlichen Erforschung der Vergangenheit klar zu werden. Zu dieser Zeit mag er die erkältende Wirkung eines solchen Bildungserlebnisses schon gescheut haben. Bei einer naiven Begegnung mit geschichtlichen Gegenständen, wie sie bei Stifter stattfand, sind wohl affektgetönte Übertragungen, seien es romantische Idealisierungen, seien es kulturkritische Verdammungen, fast stets unvermeidbar. Solche Übertragungen richten sich dann unkontrolliert auch auf die ferne Zukunft und führen zu säkularisiert-heilsgeschichtlichen Wunschprojektionen oder aber zu Angstprojektionen in der Form nihilistischer Prophetien. Andererseits hat aber Stifter durchaus auf dem Bildungsniveau der Führungsschicht seiner Zeit gestanden. In seinen Grundentscheidungen, auch den religiösen, war er nicht mehr ungebrochen traditional bestimmt. Wir können daher bei ihm ein recht widerspruchsvolles Geschichtsbild annehmen. Er scheint sich in einem Konflikt zwischen traditionalem und selbstbestimmtem Handeln befunden zu haben: Er verstand die Vergangenheit seiner Kultur und Gesellschaft noch als Tradition, noch vorwissenschaftlich, dem Anspruch der Tradition, das Handeln der Menschen der Gegenwart ungebrochen zu bestimmen, entzog er sich jedoch, was nicht ausschloß, daß er auf Grund seiner Ängste vor der Zukunft sich dann doch traditionell verhielt. Diese Schwankungsbreite seines „Geschichtsbewußtseins" läßt sich aus den Erzählungen erschließen.

2.2.1 Nihilistische Bewertung der Vergangenheit und Zukunft einzelner Familien und der Menschheit

In einer journalistischen Arbeit, „Ein Gang durch die Katakomben" (1844), gibt Stifter unverschlüsselt sein skeptisches Geschichtsbild: „Die Wissenschaft, der Gewerbefleiß, in gewissen Zweigen auch die Kunst (aber weniger) haben erstaunliche Fortschritte gemacht – aber

das Gute, ich meine das M e n s c h l i c h - Gute, was diese Dinge brach-
ten, wie Vielen wurde es zu Teil? oder liegt nicht die Masse in eben
den Banden des Rohen gefangen, wie einst, nur sind diese Bande be-
weglicher und polirter – und von denen, die sich in den Besitz des
menschlich erworbenen setzten, der Wissenschaft, der Politik, der
Kunst, bei wie Vielen ist es zuletzt Sitte und Schmuck des Herzens
geworden, als ein wirklich Menschliches? oder tragen sie es nicht
als toten Schatz, als bloßes Wissen und Können in sich, nicht zum
Guten?" (S. 340) Stifter sieht das Fortschrittsproblem in Abhängigkeit von der Bildung der Menschen. Er glaubt, daß sich kognitive
Lernprozesse, der Erwerb von Fähigkeiten und Fertigkeiten zur Bewältigung bestimmter kultureller Aufgaben leichter und effektiver
vollziehen lassen, als affektive Erwerbungen, die nicht das Können,
sondern die Verhaltensbereitschaft verändern. Seine Auffassung ist
aber mehr aus der politischen Erfahrung der französischen Revolution und aus der politischen Selbsterfahrung, als aus seiner Berufs-
erfahrung als Pädagoge erwachsen. Er fährt nämlich fort: „ – ja,
durch vervielfältigte geistige und leibliche Verkehrsmittel sind wir
feiner, glatter, geschmeidiger geworden, wie Kiesel, die sich anein-
ander abreiben: aber ist deshalb der Kiesel innerlich weniger hart?
Mit Betrübnis und Entsetzen müssen wir erfahren, wenn heute diese
Politur, diese, ach, so fälschlich 'Bildung' getaufte Politur, von der
Leidenschaft durchbrochen wird, daß da Feuerflammen herausfahren,
wie wir sie kaum in alter oder ältester Zeit gesehen haben, – oder
gibt an Gräßlichkeit und Ausschweifung die französische Revolution
irgend einer Tatsache der früheren Zeit etwas nach? –" (S. 340 f). Inhaltlich und bis in die Diktion hinein hat diese Argumentation Ähnlichkeit mit der Einleitung der Erzählung „Zuversicht", der bekannten
„Tiger"-Stelle, was den Schluß zuläßt, daß auch hier politische und
Selbsterfahrung als ein Komplex zum Ausdruck kommen.

Stifter schließt seine Ausführungen mit einem zaghaft optimistisch
getönten Bekenntnis zum Frieden, also zur „Nicht-Aggression": „Unverkennbar ist zwar, daß wir fortschreiten; denn solche Scenen der
Weltgeschichte werden, Gottlob! seltener – aber wann wird jene Zeit
kommen, in der ein Krieg eben so ein Unding der Vernunft sein wird,
wie ein Trugschluß schon heute ein logisches Unding ist? –" (S. 241).

46

Eine poetischere Behandlung erfährt die Vergangenheit in der „Narrenburg" und der „Mappe". Die Geschichte ist in der Narrenburg symbolisiert. Dieser überdimensionale Fremdkörper in der liebevoll idyllisch gezeichneten Sonntagslandschaft ist „närrisch" im Sinne von Willkür, Zufall, Gesetzlosigkeit. Wie kommt es aber zu dieser „närrischen" Geschichtserfahrung? Wir können die Antwort aus Jodoks Lebensgeschichte entnehmen. Jodok resigniert bei seinem Versuch, in den Gang der Geschichte gestaltend einzugreifen. Sein Verzicht auf ein Leben in der Burg ist das unmittelbare Ergebnis seines Scheiterns in der Ehe, des zunächst emotionalen, dann auch physischen Verlusts seiner indischen Frau. Ohne ihre Liebe wird sein Leben sinnlos, er verbrennt den Parthenon, die Stätte der Verehrung der wehrhaften Frau und ihres Fortlebens im Gedenken späterer Generationen und zieht sich in die zeitlose Stiftersche Häuschenidylle außerhalb des Burgbereichs zurück.

In dem „Philosophem", mit dem das Kapitel „Der sanftmütige Obrist" der ersten „Mappe" eingeleitet ist, wendet sich der Doktor gegen diejenigen, „die da meinen, die Historia der Menschen sei ein eitel Fortgehen in der Tretmühle, sauber wechselnd mit Blutvergießen und Narrheit, sonder Fortschritt und Endzweck" (Urf. S. 174). Diese nihilistische Betrachtungsweise ist mit verräterischer Treffsicherheit gezeichnet. Die Tretmühle als Kreislaufsymbol, das Adverb „sauber", ein auch heute noch im Bairisch-Österreichischen üblicher dialektsprachlicher Sarkasmus, sind viel stärker von Überzeugung geleitete und spontane Formulierungen, als die matte, elegisch lehrhafte Wendung, die diese mögliche Auffassung außer Kraft setzen soll: „Vor Gottes Augen macht es einen geringen Unterschied, ob du bist oder nicht – das merke dir wohl Augustinus, und denke an den Obrist." (Urf. 174) Der Doktor der Mappe gibt bei dem Bemühen, trotz seiner Liebesniederlage ein sinnvolles Leben weiterzuführen, nicht so schnell auf, wie es Jodok tat, mit dem er die Übertragung seiner persönlichen Probleme auf die Geschichte, also auf die Probleme der Menschheit, im übrigen gemein hat. Auch er übt, wie Jodok, Kritik an der offiziellen Historiographie und verspricht zwischen den Zeilen, daß seine Niederschrift ein Beispiel für eine sinnvollere Aufzeichnung von Menschengeschicken sein wird, die das für die Menschen Wesentliche, das Humane erfaßt. „Und wie bedeutungslos ist diese Geschichte; sie geht zum Großvater oder Urgroßvater zurück, und erzählt sonst nichts als Kindstaufen, Hochzeiten, Begräbnisse, Versorgung der Nachkommen – aber welch ein unfaßbares Maß von Liebe und Schmerz liegt in dieser Bedeutungslosigkeit! In der andern, großen Geschichte vermag auch nicht mehr zu liegen, ja sie ist sogar nur das entfärbte Gesamtbild dieser kleinen, in welchem man die Liebe ausgelassen, und das Blutvergießen aufgezeichnet hat. Allein der große goldene Strom der Liebe, der in den Jahrtausenden bis zu uns herab geronnen, durch die unzählbaren Mutterherzen, durch Bräute, Väter, Geschwister, Freunde, ist die Regel, und seine Aufmerkung ward vergessen; das andere, der Haß ist die Ausnahme, und ist in tausend Büchern aufgeschrieben worden." (S. 423 f) Die „große Geschichte" als Zusammenfassung, Essenz von vielen Familiengeschichten wird freilich vom Doktor und wird von Stifter nicht in Angriff genommen. Es bleibt bei der einen Lebensgeschichte, es bleibt bei der Kleinform der Erzählung, vor allem aber bleibt es bei der Dichtung als der gegenüber der Geschichtsschreibung sinnvolleren Form der Aufzeichnung menschlicher Geschicke.

Ein Symbol der idyllischen Beschränkung, der Schranke zur Welt ist der geschlossene Mauerring. Er umschließt in der „Narrenburg" wie im „Hagestolz" die Baudenkmäler der Vergangenheit. In der „Narrenburg" wird durch diese Mauer die ganze Welt außerhalb geschichtsfrei, das Übel wird lokalisiert und begrenzt, die Welt in Gestalt der Fichtau und der Landschaften rundum idyllisiert. Die Burg repräsentiert nur Familiengeschichte. Außer einer Verpfändung an eine fremde Herrschaft haben sich keinerlei politische Weiterungen für die Bewohner der Landschaft aus den Familienwirren der Scharnasts ergeben. Die Mauerringe in beiden Erzählungen umschließen lediglich „Trümmer" und je einen alten Mann, der in ihnen lebt. Die Trümmer auf der Insel des Hagestolz erweisen sich freilich als noch intakte unbenutzte Gebäude. Der Widerspruch erklärt sich aus der raschen Arbeitsweise des Dichters, er ist in der Studienfassung getilgt. Dieser unwillkürliche Fehler ist bezeichnend für die zugrundeliegende Tendenz. „Von dem Hause führte eine Doppelallee ... zu einem anderen Gebäude, dessen hohes, großes Tor geschlossen und eingerostet war. Über den Bogen des Tors standen die steinernen Zeichen geistlicher Hoheit, Stab und Inful, nebst andern Wappenzeichen des Ortes ... Ein nicht gar großes Viereck lief mit aschgrauen Mauern und schwarzem Ziegeldach hinter die überwuchernden Bäume hinein, die Fenster hatten Gitter, und hinter den meisten standen graue, vom Regen ausgewaschene Bretter. Victor suchte längs des Gebäudes vorzudringen, um einen anderen Eingang zu entdecken, aber er fand keinen, und überall stieß er auf eine Mauer, die das Ganze samt dem Hause des Oheims einzuschließen schien, und vermutlich keinen anderen Ausgang hatte, als das eiserne Gittertor ..." Victor sieht vom Garten aus „die zwei dicken, aber ungewöhnlich niedern Türme der Kirche ... Allein da er nicht hinzugelangen vermochte, da alles vergebens war, wandte er sich ab von diesen Trümmern, ..."

Victor besichtigt die Gebäude später doch: „allein er fand nicht hinaus aus dem Banne, in den diese Ruinen und das dunkle Haus gezogen waren: überall stieß er auf dieselbe Mauer, ..." (Urf. S. 346). Die Studienfassung tilgt den magischen „Bann", der den projektiven Anteil der „Ruinen" erhöht, verschlechtert aber dabei künstlerisch gegenüber der Urfassung. „Victor hätte recht gerne die ganze Insel durchwandert, die nicht groß sein mußte, und die er gerne erkundschaftet hätte, aber er überzeugte sich schon, daß wirklich, wie er vermutet hatte, das ehemalige Kloster samt allen Nebengebäuden und Gartenanlagen von einer Mauer umfangen war, wenn auch oft blühende Gebüsche die Steine derselben verdeckten" (S. 302 f). Im Gegensatz zur „Narrenburg" ist es nicht die Beschaffenheit der Baulichkeiten im „Hagestolz" selbst, die sie Stifter als Symbol verwenden läßt, sondern ihre gegenwärtige Nutzung. Der offensichtlich areligiöse Hagestolz ist der einzige Bewohner der Liegenschaften eines aufgelassenen Klosters. Es scheint, wie auch die Kirche, baulich für eine Restauration jederzeit geeignet, nur sind der Glanz des Gotteshauses, die Vergoldung der Altäre und die gläubigen Benutzer verschwunden. Das zu den Fakten nicht stimmende Wort „Trümmer" signalisiert hier Ereignisse, die die Vergangenheit als tot, als ungültig und ohne fernere Wirksamkeit erscheinen lassen. Ähnlich ist die Säkularisierung gekennzeichnet durch das nicht mehr betriebene Geläute. Wir wissen aus dem autobiographischen Abriß von 1867, daß Stifter das Schweigen der Glocken als Zeichen des Todes des Herrn am Karfreitag etwas bedeutete. Hier meint es mehr, als nur das Ereignis des Kirchenjahres. Es zeigt den dauernden Tod des Herrn an, da die Menschen an seine Auferstehung und Ewigkeit nicht mehr glauben. Die Ordens- und Klösteraufhebungen der Säkularisation haben die Macht der uralten religiösen Tradition des Landes gebrochen, die der alte Fischer bei der Überfahrt skizziert hatte.

Die Besichtigung des Klosters und der Kirche wird von Victor merkwürdig eilig und vom Dichter farblos abgetan. Eine ins Emotionale tendierende Stellungnahme wird strikt vermieden. Die Fakten sollen für sich sprechen. Eine Vorhersage über die weitere Verwendung der Gebäude wird nur indirekt durch die vorwegnehmende Kennzeichnung als „Trümmer" getan. Die skizzenhafte Darstellung wird auch in der Studienfassung nicht detaillierter ausgeführt.

Noch an anderer Stelle begegnen uns in den Erzählungen Trümmer. Es sind die viel älteren Trümmer der Wüstenstadt, in der Abdias haust. Es handelt sich um die zerstörten Reste der vorchristlichen Kultur, die keinen Schutz und keine Geborgenheit mehr verleihen, wie sich alsbald erweist. Auch die Restauration, die Abdias im idyllischen Europa ersehnt, mißlingt ihm, obwohl er es diesmal mit einem Hausbau versucht.

Die häufigen und intensiven Trümmerdarstellungen bei Stifter sind die Kehrseite seiner literarischen Bauleidenschaft. Sollen die Häuser Geborgenheit sichern, so zeigen die Gebäudetrümmer, daß es keine Geborgenheit von Dauer gibt. Die genaue Abbildung dieses Sachverhalts in den Persönlichkeiten der Bewohner und in der Konstruktion des Hauses finden wir in den „Zwei Schwestern": „Camilla kam mir so sonderbar, ich möchte sagen, unheimlich vor". Dem Besucher fällt das „tote Wesen an ihr" auf. Dann heißt es: „Das Haus war auch so seltsam gebaut. Obwohl es von außen so schön weiß angestrichen war, wie ein neues Gebäude, so sah ich doch im Innern, daß so sonderbare Gänge hinüber und herüber laufen, wie in einer altertümlichen Burg, in der man sich vergehen könne ..." (Urf. S. 147).

Das „Trümmer"-Motiv hat eine literarische Tradition, die Stifter kannte, und deren Einfluß auch, besonders in der Narrenburg, leicht erkennbar ist. In unserer Studie geht es jedoch nicht um die Einflüsse, sondern um die Gründe, die den Dichter veranlaßt haben, sich bestimmter Motivkreise zu bedienen. Das Trümmermotiv ist Stifter willkommenes Darstellungsmittel, um eine drückende Wirkung bei der Begegnung des Lesers mit der Vergangenheit hervorzurufen. Diese künstlerische Absicht deckt sich zum Teil mit derjenigen romantischer Künstler, was uns jedoch nicht davon entbindet, ein ganz bestimmtes künstlerisches Handlungsmotiv bei Stifter selbst vorauszusetzen und als Teil seiner Persönlichkeit zu verstehen.

2.2.2 Geborgenheit in der Tradition

Entsprechend seiner schwankenden Haltung der Geschichte gegenüber, die er mit seiner Epoche teilte, gestaltet Stifter die Ambivalenz seiner Figuren. Von dem düsteren Hintergrund heben sich die gelegentlichen freundlichen Ausdrucksformen biedermeierlichen Lebensgefühls ab, die als liebevolle Anteilnahme an den Gegenständen der Tradition zu umschreiben sind.

Solche Einstellungsvariationen können wir in der „Narrenburg" als Generationsmerkmale über einen langen Zeitraum erzählter Zeit beobachten: Heinrich, der letzte Scharnast, liest im Rothensteine in den Niederschriften seiner Ahnen: „Es ist eine entsetzliche, eine aberwitzige Lüge, wenn Trümmer und Reste eines Menschenlebens übrig bleiben, daß man sein gedenke, daß man sich einbilde, es bestehe noch etwas von ihm, und daß man eine erbärmliche Liebe an diesen Lappen fortfriste. – Was Bilder, was Monumente, was Geschichte, was Kleid und Wohnung und jede unmittelbare Spur des Dahingegangenen – wenn das Einzigste und das Allste, sein Herz dahin ist!! – – Ich bitt' euch, werfet alles nach, helft tilgen jedes Gräschen, das sein Fuß berührte, damit die Welt wieder jungfräulich sei und nicht getrübt und beschmutzt von dem nachziehenden Afterleben eines Gestorbenen; und daß nicht Andere kommen, und gedankenlos zu Alltagskram zerschneiden, was einst an s e i n e m Herzen lag, und nun mit Schmerzen an dem euern liegt"; (Narrenburg, Urf. S. 153). Solche Textstellen sollten aber nicht zu der Annahme verführen, Stifter habe „in der 'Narrenburg' alle Brücken zur Vergangenheit abgebrochen", wie behauptet worden ist (7, S. 78). Vielmehr war Stifter auch in dieser Erzählung im Konflikt. Heinrich erlebt nach der Lektüre das Problem der Gegenwartsbewältigung und Vergangenheitsverhaftung in der Narrenburg folgendermaßen: „ . . . und ein unabsehliches Feld von Wirken und Schaffen tat sich ihm auf, und von Genie-

ßen und Schwärmen für seine arbeitende närrische Phantasie, der ein
solches Dichtungschaos, wie dieser Berg, gerade willkommen war."
– „... das Nest liegt vor ihm, viel überschwenglicher, als er es sich
je gedacht hatte und seine romantischen Vorfahrer hatten ihm bereits
trefflich in die Hand gearbeitet und hinwieder soviel liegen gelassen,
daß ein körniger Geist hier noch lebelang zu schaffen hat." (Narrenburg, Urf. S.108). Stifter fügt an, wie dieses Schaffen aussehen wird.
Er vergleicht Heinrich und seinen Freund, den Syndikus: „ ... die
beiden Männer sahen, gegeneinander gehalten, aus, wie der Nutzen,
und wie die Dichtung ..." (Urf. S.109). Hier wird also der ästhetische
Reiz der Altertümer erkannt. Das ist eine erste, vorwissenschaft-
liche Distanzierung von der Macht der Tradition, unter der Heinrichs
Vorfahren noch uneingeschränkt standen und litten. Nun ist der Schritt
zu der optimistischen Verklärung der Tradition ganz im Stil des Bie-
dermeier nicht mehr fern, wie er in allen Mappen gemäß ihrem Vor-
spruch getan wird. „Liebendes Gedenken, bewahrende Pietät ... werden in ihren nächsten Ausprägungen: Kindesliebe, Jugenderinnerung,
Ahnenkult, Heimatliebe gepflegt. Dadurch wird die geschichtslose
Einsamkeit des Individuums überwunden. Die Reste der Vergangenheit sind ... Gegenstände der Pietät, Denkmale geliebten Lebens, das
vergangen ist, aber die Voraussetzungen für die Gegenwart schuf".
(7, S.78). Nicht nur die Einsamkeit des Individuums soll auf diese
Weise überwunden werden, es ist ein Versuch, „sich über den Gedanken des Endes hinwegzutrösten durch die Fortdauer in allerhand
Dingen, ..." wiederholt aufgenommen in den Gedanken „an das alte
Volk der Egypter, daß sie ihre Todten einbalsamirten, und warum sie
es getan" (22, S.222).

Am widerspruchsfreiesten ist wohl Stifters Einstellung zur Tradition in die Mappe eingegangen. Das hängt damit zusammen, daß in
diesem Werk die Auseinandersetzung mit dem unmittelbaren Repräsentanten der Vergangenheit, dem Vater, gesucht wird und daß sie
künstlerisch gelingt. Auch in der Mappe aber ist Stifter nicht völlig
kritiklos der Traditionsseligkeit verfallen. Er weiß, daß Vergange-
nes unwiederholbar ist: „Wie der Mensch doch selber arbeitet, daß
das vor ihm Gewesene versinke, und wie er wieder mit seltsamer
Liebe am Versinkenden hängt ... Es ist dies die Dichtung des Plun-
ders ..." (S.422). Er fährt dann fort, ein Bauernsohn habe, auch

wenn er später in der Großstadt lebe, den Vorzug, an der Tradition ungebrochen teilzuhaben.

Das klare Bewußtsein, daß der Mensch unentrinnbar an der Naht-stelle zwischen Vergangenheit und Zukunft im Zeitkontinuum lebt, läßt es bei Stifter immer nur zu sehr kurzen Bekundungen biedermeier-lichen, vordergründigen Optimismus kommen, sogleich danach scheint wieder die ambivalente Einstellung zur Tradition in den eingeschobe-nen Reflexionen durch: „Es ist etwas Rührendes in diesen stummen unklaren Erzählern der unbekannten Geschichte eines solchen Hauses. Welches Wehe und welche Freude liegt doch in dieser ungelesenen Ge-schichte begraben, und bleibt begraben. Das blondgelockte Kind und die neugeborene Fliege, die daneben im Sonnengolde spielt, sind die letzten Glieder einer langen unbekannten Kette, aber auch die ersten einer vielleicht noch längern, noch unbekannteren; und doch ist diese Reihe eine der Verwandtschaft und Liebe und wie einsam steht der Einzelne mitten in dieser Reihe! Wenn ihm also ein blassend Bild, eine Trümmer, ein Stäubchen von denen erzählt, die vor ihm gewe-sen, dann ist er um viel weniger einsam" (S. 423). Die Reflexion er-hält dann konkrete Bestätigung: „Da der Vater noch lebte, durfte von des Doctors Habschaften nichts verrückt werden, da er ihn hoch ver-ehrte und fast ausschließlich immer in einem ledernen Handschriften-buche desselben las, welches Buch aber später ganz abhanden gekom-men war. In jener Zeit stand der alte Hausrat noch wie eine eherne Chronik umher; wir Kinder lebten uns hinein, wie in ein verjährtes Bilderbuch, dazu der Großvater die Auslegung wußte, und erzählte, er, der der eigentlichste Lebensbeschreiber seines Vaters des Doc-tors war" (S. 424).

In allen Darstellungen, in denen die Macht der Tradition eine Rolle spielt, ist die Ichbeteiligung des Autors sehr groß. Lediglich dort, wo nur das historische Kostüm aus ästhetischen Gründen benutzt wird, wie etwa im „Hochwald", ist dies nicht der Fall. Zu einer wirklichen Distanzierung kommt es bei Stifter auch nach 1850 nicht, als die Ge-schichtswissenschaft mit empirischen Methoden dazu beizutragen be-ginnt, diese Ablösung im Bewußtsein zu vollziehen. Der Konflikt wird in seiner ganzen Schärfe dann deutlich in „Witiko", dem Paradoxon eines nach Quellen gearbeiteten mythisch-utopischen Romans.

2.2.3 Der biologische Tod als Vergänglichkeitsdrohung

Bei der Beschäftigung mit der Vergangenheit und mit der Zukunft stößt der Erzähler und stoßen seine Figuren notwendigerweise auf die Todesschranke. Das Todesproblem gewinnt dadurch zentrale Bedeutung für die Erzählungen. Es wird zum Projektionsauslöser zwischen den kulturellen und natürlichen Erlebnisfeldern. Begegnungen mit dem Tod fordern zu Abwendungsreaktionen heraus, wo nicht das Weiterleben nach dem Tode eine Glaubensgewißheit ist. Bemerkenswert ist deshalb in diesem Falle nicht die pessimistische Bedeutungszuordnung, die der Dichter vornimmt, sondern vielmehr der Umstand, daß der Tod überhaupt Gegenstand der Darstellung wird und daß dies sogar in vielen und drastischen Anspielungen geschieht.

Andererseits kann man in den Erzählungen, besonders den Studien „geradezu eine Methode der Vermeidung des tödlichen Ausganges" beobachten (22, S.221). Dies gilt, wie nicht anders zu erwarten, für die idyllischen Erzählbereiche. Die unterschiedliche Häufigkeit des Auftretens von Themen, die sich auf den Tod beziehen, weist auf die Widersprüche in der Art der literarischen Verarbeitung des Todesproblems durch Stifter hin.

Die Vermeidung des Themas spricht nicht unbedingt nur für Todesangst und den Wunsch, das Leben mit allen Fasern zu retten (vgl. so 22), sondern mehr noch dafür, daß der (eigene) Tod eine Versuchung darstellt, die vermieden werden muß. Befürchtet würde in diesem Fall die Autoaggression. Seine Anziehungskraft gewinnt der Tod, wenn er als Befreiung von quälenden Konflikten, von unlösbaren Problemen erscheinen muß, die ein Leben entwerten. Die literarische Vermeidung des Todesproblems hinge dann entgegen dem ersten Anschein mit Stifters Selbstmord-Thematik zusammen. Seine depressive Reaktionsbereitschaft auf bestimmte Versagenserlebnisse, dürfte auf ein Dressat der Kindheit nach wiederholtem Verlust eines Liebesobjekts zurückgehen. Sie zieht sich, auch in literarischer Gestalt, durch das ganze Leben. Für Julius, die noch sehr offene, unzensierte Selbstdarstellung, ist der Tod mit dem Erlebnis der Ungeborgenheit in der Familie kausal verknüpft. „ 'So wird auch dein Leben auslöschen, und niemand wird fragen, ob Julius war'. Bey diesen Gedanken ward sein Herz traurig und es ward finster in seiner Seele, denn er war einer,

dem eine seltsame Verknüpfung von Begebenheiten seiner Kindheit sowohl Eltern, als Freunde und Heimat raubte, so zwar, daß er jetzt
weder weiß, woher er kam, noch, wohin er gehöre. Auf der ganzen
Erde keinen Vater, keine Mutter, keine Verwandten, kein Vater-
land" (2, S. 11).

Soweit das Todesproblem nicht einfach ausgespart, sondern in die
Dichtung einbezogen wird, erfährt es seine literarische Verarbeitung.
Jede Art der „Verarbeitung" von unlösbaren Problemen, in der Regel
solchen traumatischen Ursprungs, hat die Tolerierung zum Ziel. Wie
kann die literarische Darstellung nun zu der Aufgabe beitragen, „mit
dem Tode zu leben"? Einmal durch Verharmlosung, die freilich das
Prädikat des Dichterischen ausschließt; oder durch den Versuch, der
Notwendigkeit einen Sinn zu verleihen. Dies muß kein philosophisches
Bemühen sein, die ästhetische Verklärung kann gleichfalls zur Sinngebung beitragen. Sie vermag dies durch den projektiven Mechanismus, der eine vorrationale, nicht durch Reflexion übermittelte Sinngebung ermöglicht. Mit dem programmatischen Realismus ist dieses
Bemühen allerdings unvereinbar, aber Stifter war bei der Abfassung
der meisten Erzählungen von den Forderungen der realistischen Ästhetik der zweiten Jahrhunderthälfte unberührt. Seine Wirkung in dieser
Zeit wurde allerdings eingeschränkt.

Die journalistische Arbeit „Ein Gang durch die Katakomben" läßt
Stifters Ratlosigkeit und Zweifel besonders deutlich erkennen. Aber
selbst hier, außerhalb der Dichtung also, ist ein schwacher Versuch
unternommen, den Tod als etwas Gegebenes anzunehmen und ihm,
durch Identifizierung mit der Macht der Realität, einen Sinn zu verleihen. „Ach! welch eine furchtbare, ungeheure Gewalt muß es sein,
der wir dahingegeben sind, daß sie über uns verfüge – – und wie riesenhaft, all' unser Denken vernichtend, muß Plan und Zweck dieser
Gewalt sein, daß vor ihr millionenfach ein Kunstwerk zu Grunde geht,
das sie selber mit solcher Liebe baute, und zwar gleichgültig zu
Grund geht, als wäre es eben nichts! – Oder gefällt sich jene Macht
darin, im öden Kreislaufe immer dasselbe zu erzeugen und zu zerstören? – es wäre gräßlich absurd! – mitten im Reiche der üppig-
sten Zerstörung durchflog mich ein Funke der innigsten Unsterblich-
keitsüberzeugung" (S. 352).

Wir sind gegenüber der konventionellen Verarbeitung des Todesproblems bei Stifter, wie sie sich im letzten Satz und an mehreren anderen Stellen im Werk findet, mißtrauisch und fühlen uns durch die unstimmige Wortwahl bestätigt. Offensichtlich vermeidet er das Wort „Unsterblichkeitsglaube", welches üblicherweise zu Funke passen würde, analog den Flammenzeichen des Heiligen Geistes bei der Pfingstfeier. Auch das Attribut „innigsten" würde eher zu „Glaube" stimmen, bei dem rationalen „Überzeugung" wirkt es pathetisch und distanzlos[9].

Drei Jahre später, 1847, erscheint die „Parabel" „Der Tod einer Jungfrau" (S. 365 f), eine pietätvolle konventionelle Darstellung des Todes in der Gestalt eines Engels. Einem Kind ist mit seinem Tode etwas Gutes widerfahren, weil ihm die Jugend zuteil wurde, das Erwachsenenleben, das alles Böse und Schreckliche enthält, hingegen erspart blieb. Dafür erwartet es das Leben nach dem Tode (vgl. S. 367). Der Todesschmerz und Todeskampf wird gleichfalls „wegrationalisiert": „... und weil keine Geburt ohne Schmerzen ist, so ist es auch nicht die Geburt zum andern Leben, und deine Tochter mußte daher die lange Krankheit vor ihrem Tode überstehen" (S. 367). Wir fühlen und wissen aus anderen Zeugnissen, daß Stifter hinter diesen Bekundungen des Unsterblichkeitsglaubens nicht wirklich gestanden hat.

Eine „echtere" Verarbeitung, auch des Naturwissenschaftlers Stifter, finden wir in den wirklich dichterischen Zeugnissen, vor allem in dem wichtigsten, der „Mappe". Der jähe Tod der Frau des Obrists wird verglichen mit dem Tod einer „goldenen Mücke", einem „unbedeutend Ding in diesem unermeßlichen Haushalt" (Urf. S. 196). Damit erkennt Stifter dem Ereignis einen Sinn zu; seine Auffassung ist weder nihilistisch, noch gibt er pietätvoll religiöse Bekundungen vor. Der „Pietät" und dem Nihilismus zugleich ist das „Philosophem" des Doktors wenige Seiten zuvor näher, das schließt: „Vor Gottes Augen macht es einen geringen Unterschied, ob du bist oder nicht" (Urf. S. 174). Das Wort vom Haushalt der Natur ist bei Stifter selten. Das wichtigste Bild, das Stifter in seinen Dichtungen für das den Tod bringende Geschick verwendet, ist der Wagen, der über die Menschen

---

9 Der letzte Satz wird gewöhnlich nicht mitzitiert, wenn es in der Sekundärliteratur um diese Stelle geht. Aber auch solche verkrampft wirkenden Versuche der Verarbeitung gehören zu Stifter.

hinweggerollt, das Rad, das sie zerdrückt[10]. Die bevorzugte Bildversion vom „goldenen Wagen" bringt zum Ausdruck, daß der Doktor den Tod, wenn nicht annimmt, so doch als unübersehbare, übermächtige Tatsache anerkennt.

Der Wagen begegnet auch im sprachlichen Grundbereich in Stifters Erzählungen öfters. Auch dann ist von ihm immer im Zusammenhang mit dem Tode und der Vergänglichkeit die Rede. Dieser Umstand könnte darauf zurückgeführt werden, daß sein Vater unter einem Rad seines Pferdewagens zu Tode gekommen war[11].

Unter dem Eindruck der Beobachtungen in den Katakomben unter dem Stephansdom berichtet der Erzähler: „Ich war so aus mir selber getreten, daß mir das Rollen eines Wagens, das wir in dem Augenblicke auf diesem Pflaster über uns hörten, ganz abenteuerlich vorkam, ja durch den Gegensatz schauerlich. Ist es denn der Mühe werth, dachte ich, daß sich d e r im Wagen oben brüstet und über das Pflaster wegrollt? daß sie Häuser bauen, und bunte Lappen heraus hängen, als wäre es was?" (S. 352). Noch einmal kommt er gegen Ende seines unterirdischen Weges auf den Wagen zurück: „Während ich dieß dachte, rasselte wieder ober uns das Geräusch eines rollenden Wagens auf dem Pflaster des Stephansplatzes, und es deuchte mir so leichtsinnig oder so nichtig, wie etwa die Weltgeschichte der Mücken oder der Eintagsfliegen" (S. 354).

Ein weiteres Vergänglichkeitssymbol sowohl in den Erzählungen wie in der journalistischen Arbeit sind die als „Lappen" apostrophierten prachtvollen Kleider. Auch sie sind ein umfunktioniertes Statussymbol. Die Erwähnung erfolgt meist beiläufig. Thema der jeweiligen Stelle ist nicht der Tod, der aber durch die „Lappen" als allgegenwärtig wieder in die Erinnerung gerufen wird. Eine charakteristische Stelle aus der Studienmappe zeigt das: „Wie oft, wenn wir

---

10   F.W. Wodtke hat die Entwicklung dieses Bildes in Stifters frühen Studien als Ausdruck seiner Schicksalsauffassung untersucht (38). Seine Ergebnisse bestätigen, daß diese Todesdarstellungen überwiegend Ungeborgenheitsprojektionen enthalten.
11   Wodtke (38, S. 24 f.) läßt offen, ob Stifter „das anschauliche Bild vom Wagen der Welt, der unter seinen goldenen Rädern rücksichtslos die Menschen zerquetscht," – „aus den im Barock beliebten allegorischen Darstellungen des Wagens der Fortuna oder aus der Bildlichkeit Herders entwickelt hat; es gehört jedenfalls zu den zentralen Schicksalssymbolen seiner Dichtung".

Wallfahrer spielten, und ein Fähnlein aus dem Kehrrichte gezogen hatten, mochte der Lappen aus einem schmeichelnden Kleide gewesen sein, das einst die Glieder eines lieben Weibes bedeckt hatte. Oder wir saßen im Grase, streichelten mit den Fingern an den schillernden Fäden des hingesunkenen Fähnleins und sangen: 'Margaretha, Margaretha'; denn die Mutter hatte uns oft von einer Margaretha erzählt, die eine schöne weiche Frau unserer Vorfahren gewesen sein soll. – Wir sangen: 'Margaretha, Margaretha', bis wir selber eine Art Furcht vor dem Lappen hatten" (S. 422).

Eine Steigerung und Massierung erfahren die Zeichen der Vergeblichkeit menschlicher Bemühungen, vom Tode abzulenken, in Jodoks Niederschrift im Rothenstein: „ – ich verachtete und verfluchte unsere Zivilisation, dieses Modergraben nach materiellem, rohem Trug unseres Fleisches; – ich verachtete unsäglich diese Menschlein, die ihr Leben und Herz an einen Stuhl hängen, an gewirkte Lappen, an rollende Wagen, und an Kram, den sie ausbreiten, daß Andere Neid empfinden mögen, und sie armselige Befriedigung" (Urf. S. 145). In der Studienfassung ist die Stelle getilgt.

Lyrischer und unmittelbarer wird der Leser zum Bewußtsein des allgegenwärtigen Todes in solchen Texten geführt, in denen diese Thematik nicht im Mittelpunkt steht. Das geschieht durch Darstellungen des Eintritts der Nacht und des Einschlafens. Hier fallen physiologische und astronomische Phänomene zusammen und provozieren emotional gefärbte Zuordnungen: Das Aufhören der Wahrnehmung und die Beobachtbarkeit des sonst unsichtbaren Kosmos. Die natürliche Regenerationsfähigkeit des ermüdeten Menschen im Schlaf weckt die verhaltene Hoffnung auf die Auferstehung im Leser und hält zugleich den unaufhaltsamen und lebensfeindlichen Charakter des Todes vor Augen. So heißt es in der Urfassung des „Hagestolz": „alle Genossen des heutigen Tages, und tausend und tausend andere Menschen sanken allgemach in das tägliche Grab des Schlafes hinunter. Die Nacht mit ihrem Sternenmantel zog vorüber, leise schreitend, ob sich junge Herzen des vorhergegangenen Tages erfreut hatten oder ob alte wieder um einen näher dem Tode waren" (Hagestolz, Urf. S. 283).

In der Studienfassung derselben Stelle ist die Ungeborgenheit sehr verstärkt; sie geht vor allem vom Kosmos aus: „Die nämliche Nacht ging mit dem kühlen Mantel aller ihrer Sterne gleichgültig herauf, ob junge Herzen sich des entschwundenen Tages gefreut und nie an einen Tod gedacht hatten, als wenn es keinen gäbe – oder ob ein altes sich vor gewalttätiger Verkürzung seines Lebens fürchtete und doch schon wieder dem Ende desselben um einen Tag näher war" (S. 232 f). In den „Schwestern" geht der Erzähler nach dem Konzertabend der Schwestern Milanollo am Hotelzimmer des schwarz gekleideten Nachbarn vorbei; „An der Tür meines Nachbars hielt ich unwillkürlich ein wenig an, aber es war Totenstille in dem Zimmer, und er mochte wohl in dem tiefsten Schlummer begraben liegen" (Urf. S. 82). Von sich selbst berichtet der Erzähler: „nach einigen Minuten war ich, so zu sagen, nicht mehr auf dieser Erde" (Urf. S. 130). Im etwa gleichzeitig entstandenen „Beschriebenen Tännling" wartet Hans mit dem Beil in der Nacht bei dem Baum auf seinen Widersacher: „So war es, da die Dämmerung nach und nach verging, so war es, da die tote einfache Finsternis hereinkam und eine Stunde nach der andern verfloß. Er war ruhig gesessen und hatte auf den Baum geschaut. Die Nacht, ein dem Menschen fremdes Ding, rückte vor; sie hatte deswegen auch nur den Schlaf, den zweiten Tod für die menschlichen Häupter und das zwitterhafte Schwebeding der Träume" (Urf. S. 203). Im Traum hat Hans dann die Erscheinung der streng auf ihn blickenden Jungfrau Maria; in dieser Nacht bezwingt er seinen Eifersuchtsaffekt und Mordimpuls gegen Guido. In der Studienausgabe ist die Stelle gestrichen.

In der Fichtau-Idylle wird es Abend und Nacht: „Und nach einer halben Stunde war es finster und still im ganzen Haus der grünen Fichtau, als wär' es im Tode begraben" (Narrenburg, Urf. S. 78. In die Studienausgabe ist die Stelle unverändert übernommen). Es folgt dann eine „schöne Stelle". Im Verlauf dieser Nacht werden Liebesbande zwischen der Wirtstochter und dem letzten Sproß der Scharnasts geknüpft. Werden die Standesunterschiede, wie so oft in den Erzählungen dieser Zeit, in dieser ersten Fichtau-Idylle eingeebnet, so scheidet die entsprechende „Scheintod"-Stelle der parallel gebauten Erzählung „Prokop" die Fichtau und ihren niederen Stand (und Lebensstil) umso unübersteigbarer vom Rothensteine. Hier werden die Sterne zur einzigen Verbindung zwischen beiden sozialen Bereichen, da sie sowohl die Fichtau wie den Rothenstein anstrahlen und von beiden Orten aus gesehen werden können. „Von nun an ... herrschte ununterbrochene Stille, alle lagen in todesähnlichem Schlummer befangen, und die kalte Sternenglocke stand brennend und einfach über dem ganzen Walde, der dunkel und ohne Regung unter ihr ruhte, und in dessen Größe das Haus, in dem wir den ganzen Tag zugebracht hatten, nicht zu sehen und zu erkennen war, oder so winzig klein, als hätte man kaum mit der Spitze einer Nadel in das Waldland getupft" (Prokop, S. 500). Es ist die Hochzeitsnacht Prokops und Gertrauds: „Die dunkle Tür schloß sich hinter ihnen und die selben Sterne, welche über den Bergen der ganzen Fichtau schienen, welche auf das kleine graue Haus und darin auf die unschuldige Lenore, auf den Jüngling Damian und auf die andern nieder leuchteten, standen nun auch in der kühlen brennenden Glocke über dem Hause des Rothensteines.

Er war fast ganz schwarz, und kein einziges Licht auf ihm zu erblicken; denn die wenigen, welche innerhalb der Mauern noch brannten, waren durch feste eichene Fensterbohlen vor der äußeren Ruhe, Heiligkeit und Stille der Nacht abgeschlossen" (S. 514).

Diese Texte sind Teil der empfindsamen „Kirchhofpoesie" Stifters, getragen von dem breiten Strom der Barocktradition vor 1850. Die Kennzeichnung der älteren Dichtung dieser Art durch M. Windfuhr gilt durchaus auch für ihn, was gegen modernisierende Inanspruchnahme unseres Dichters spricht: „Die Verwesung spielt sich in Gräbern ab, nicht überall auf der Welt und in allen Bereichen", wie bei den modernen Expressionisten (37, S. 204). Das Bewußtsein unserer unausweichlichen Verwesung spielt allerdings überall in Stifters dichterischer Welt eine mehr hintergründige Rolle und vereinigt sich mit dem, daß wir im „wesenlosen Raum" schweben, zu einem allgegenwärtigen elegischen Vergänglichkeitsbewußtsein.

2.3 Der Bereich der belebten und unbelebten Natur

Der Darstellungsbereich der Landschaft und Vegetation ist nach Umfang und Gewicht von Stifter bevorzugt worden. Ein optimistischer Stimmungsgehalt ist ihm eigen. Diese Wirkung kann umschlagen, wenn Extremformen von Landschaft in die Erzählungen einbezogen werden.

2.3.1 Geborgenheit in der Landschaft und Flora

In der Erschließung der Landschaftsdarstellungen ist die vorliegende Untersuchung methodisch der Erforschung des katathymen (unterschwelligen) Bilderlebens durch C. Leuner besonders verpflichtet (23, 23 a). Nach Leuner „kann man im Verlauf der psychotherapeutischen Behandlung einen Trend von der unfruchtbaren oder bestenfalls frühjahrsmäßigen Landschaft, häufig auch mit diskrepanten Formationen, zur früchtetragenden hochsommerlichen Landschaft mit einer ausgewogenen Harmonie ihrer Teile beobachten. Damit ist eine Entwicklung von der Abgeschlossenheit und Isolierung im Panorama zur Einfügung in eine bewohnte und von tätigen Menschen gestaltete Umgebung verbunden" (23, S. 53. Vgl. auch S. 57).

Beide gegensätzlichen Bereiche begegnen auch in Stifters Darstellung und sie sind ebenso verknüpft mit dem Erlebnis der Isolierung und der geglückten Anpassung der Figuren. Diese Zuordnung hat die Stifterforschung schon frühzeitig erkannt und hinsichtlich der zugrundeliegenden Absicht zu interpretieren gesucht[12].

In den charakteristischen Stifterschen „Sonntagslandschaften" begegnet die Vegetation vorzugsweise in der Phase ihrer Reproduktion. Welkendes Laub, der Winterschlaf der Bäume kommen selten vor. Das Sprossen und Blühen der Pflanzen läßt sie uns vergessen. Stifter bevorzugt bei der Darstellung des natürlichen Kreislaufs des Stirb und Werde Gegenstände, deren „Stirb" von Natur aus weniger deutlich ist, als der Tod von höheren Tieren oder von Menschen. Denn die wild wachsenden Pflanzen haben für uns keine erkennbare Individualität und weichen in ihrer Lebensdauer erheblich von der des Menschen ab. Der Pflanzentod berührt uns daher weniger. So wird Raum geschaffen für die Gewißheit des nächsten Frühlings und damit der Dauerhaftigkeit des Lebens. Der natürliche Kreislauf erscheint auf diese Weise frei von Vorgängen, die uns sinnlos anmuten könnten. Er un-

---

12 Vgl. Ernst Bertram, 6, S. 107: „Diese Landschaft ist in der Tat trotz ihrer wenn man will naturalistischen Beobachtungselemente optimistisch gesehen. Es soll Freude und Stille ... herrschen ... " B. von Wiese, 36, S. 197, Interpretation der „Brigitta": „Im leidenschaftslosen Zusammenleben des Menschen mit einer leidenschaftslosen Natur" erfährt „diese ihre Veredlung und er selbst seine Bergung".

terscheidet sich damit grundlegend von dem anderen natürlichen Projektionsfeld in Stifters Erzählungen, dem Kreislauf der Gestirne.

Nicht nur durch die Auswahl der Darstellungsobjekte „manipuliert" Stifter künstlerisch unser literarisches Naturerleben. Die biologische Erscheinungsform der Natur läßt sich auf Grund ihres positiven Aufforderungscharakters mit den Augen des Dichters in holder ästhetischer Täuschung erleben, umsomehr, als sie sich auch mit dem deistischen Weltbild am ehesten vereinbaren läßt, das er zu akzeptieren suchte. Im „Hochwald" läßt Stifter den alten Gregor diese Position im Gespräch mit Johanna andeuten. Es geht um die spukhaften Fische: „'Und hat es euch nicht geängstet und gegraut?' fragte Johanna. 'Geängstet?' entgegnete der Alte, 'geängstet? – gefreuet habe ich mich der schönen Stelle; denn ich wußte dazumal schon sehr gut, daß der Wald keine frevlen Wunder wirke, wie es gehässige und gallige Menschen gern täten, hätten sie Allmacht, sondern lauter stille und unscheinbare, aber darum noch viel ungeheurere, als die Menschen begreifen, die ihm deshalb ihre ungeschlachten andichten. Er wirkt sie mit ein wenig Wasser und Erde und mit Luft und Sonnenschein. Sonst ist kein anderes da, noch je dagewesen, glaubet es mir nur. Auch auf dem Berge der drei Sessel war ich oben – nie saß ein König dort, so wenig als hier jemand gefischt hat. ... – und wie ich öfter hier und dort war, erkannte ich gar wohl, daß dies alles nur Gottes Werk sei und nicht der Menschen, ... Hat Gott der Herr dem Menschen größere Gaben gegeben, so fordert er auch mehr ..." (Hochwald, Urf. S. 311 f. Studienfassung unverändert)[13].

Der Vergleich mehrerer Fassungen gestattet es uns, die Funktion der Naturdarstellungen detaillierter zu beschreiben. Wir wählen eine Textstelle in der „Mappe" aus, die die zentrale Szene des Werks einleitet: Das Umkehrerlebnis des Helden, das die Wandlung seiner Persönlichkeit bewirkt. In der Urfassung ist der Anteil der Natur an der

---

13 Ernst Bertram bestritt der Naturdarstellung Stifters jegliche Symbolbedeutung: „Hier ist es die bloße Freude an den schönen Formen – und Farbphänomenen an sich, die wohl auch durch Gleichnisse sich aussprechen mag, aus der aber keinerlei Symbolik einer zweiten Ahnungswelt je herausgefühlt wird" (6, S. 85). Bertrams ästhetizistische Position klärt das Phänomen nur zu einem Teil, ebenso wie die Interpretation aus der formengeschichtlichen Tradition, die Stifters Naturschilderungen als eingelegte Beschreibungen erkennt (30, S. 142 f.). Denn es bleibt offen, welchem Bedürfnis des Dichters die Naturbeschreibungen entsprachen.

Szene nur knapp skizziert: „An einem sehr schönen Maitage nämlich – es war der vier und zwanzigste – stand ich sinnend vor einer alten Birke mit zartjungen Blättern und Zweigen, des festen Willens, mich daran zu erhängen". (Urf. S.175) Erst in der Studienmappe ist das gesamte Umfeld des Geschehens ausgeführt: „Ich lief von ihr in mein Haus, riß ein buntes Tuch von dem Tische, lief durch den Garten, sprang über den Zaun, und schnitt dann den Weg ab, in dem ich über Allerb's Hofmark und durch die Wiesen der Beringer ging. Dann traf ich auf den Fußsteig, der an den Mitterwegfeldern geht – dort eilte ich eine Weile fort. Ich hatte aus dem Tuche eine Schlinge gemacht, und trug es in dem Busen versteckt. Dann beugte ich wieder links von dem Wege ab, strebte unter den dünnen Stämmen des ausgebrannten Waldes der Dürrschnäbel hinauf, drang durch den Saum des Kirmwaldes, streifte an dem Stangenholze, an den Tannenbüschen, an den Feldblöcken vorbei und sprang auf den Platz hinaus, wo die vielen Birken stehen und der grüne Rasen dahin geht. – –" (S.439). In der „Letzten Mappe" schließlich, in der der Selbstmord getilgt ist, lautet die Stelle folgendermaßen: „Ich ging in unser Haus, blieb aber auch da nicht, sondern ging durch unseren Garten hinaus, dann hinter ihm durch das Obstgehege, stieg über die versperrte Tür der Verplankung, und ging durch das Gras der Wiese gegen den Pfad, der durch die Mitterwegfelder zu dem Birkenreut hinauf führt. Auf dem Pfade ging ich an den Kornfeldern des Friedmeier und Katermeier empor, und ging dann durch die Öffnung der Steinmauer in das Reut hinaus, wo auf dem Rasen die Wacholderbüsche stehen, ..." (S.173).

Verglichen mit der „leeren" Urfassung hat Stifter in den späteren Fassungen einen konkret gefüllten Raum hergestellt. Er ist durch die genau benannten Gemarkungen begrenzt. Die Namen der Besitzer machen uns den Ort heimatlich vertraut. Doch diese Genauigkeit der Beschreibung hat noch eine andere Wirkung. Stifter schiebt dadurch die Tat bzw. die entscheidende Aussprache mit dem Obrist für den Doktor und für den Leser hinaus. Die Erzählzeit wird der erzählten Zeit angenähert. Die für Stifters Erzählen charakteristische gespannte Beruhigung ist das Ergebnis. Der psychologische Gewinn ist noch gewichtiger. Er wird beim Lesen zunächst gar nicht bewußt: Die belebte Natur wird als projektiv wirkendes Gegengewicht gegen die drängenden Affekte des Helden, die zur Autoaggression führen, wahrscheinlich gemacht, während in der Urmappe das Horchen des Täters auf das Zirpen einer Heuschrecke, das ihn dann seine Tat nicht ausführen läßt, ganz unvermittelt und nur zufällig erscheint.

Gegensatzbildungen von Vegetation und Tod durchziehen auch einige andere Erzählungen. So steht im „Hagestolz" den „Trümmern", Resten einer kulturellen Überlieferung, die Vegetation gegenüber, wie den sehr alten die jungen Lebewesen, Mensch und Tier gegenüberstehen.

Aber auch hohes biologisches Alter und die ewig junge Vegetation sind auf einander bezogen. Von Victor wird berichtet: „Allein da er nicht hin zu gelangen vermochte und da alles vergebens war, wandte er sich ab von diesen Trümmern, und sein Auge wurde sanft ergötzt durch die herumstehende, blühende, ewig junge Gegenwart." (Hagestolz, Urf. S. 346). In der Studienfassung ist die Gegensatzbildung noch verschärft: „Einen Gegensatz mit dieser trauernden Vergangenheit machte die herumstehende blühende ewig junge Gegenwart" (S. 302). Weiter heißt es an dieser Stelle in der Urfassung: „Alle Bergwände mit der heitern Dämmerfarbe schauten auf die grünende, mit Pflanzenleben bedeckte Insel herein, und so groß und so überwiegend war ihre Ruhe, daß die Trümmer, dieser Spurtritt vergangenen Menschlebens nur ein graues Pünktlein waren, das nicht beachtet wird in diesem weithin knospenden und drängenden Leben" (Urf. S. 346). In der Studienfassung ist nur der letzte Nachsatz leicht verändert: „... ,daß die Trümmer der Gebäude, dieser Fußtritt einer unbekannten menschlichen Vergangenheit ..." (S. 302). Die Einführung der „unbekannten Vergangenheit" dient der Verallgemeinerung und Distanzierung, der Tod wird nicht mehr so direkt ins Bewußtsein gerufen.

Erst allmählich merkt Victor, daß er ein Gefangener auf der Insel des Oheims ist. Zunächst heißt es noch: „ihm war zum erstenmale auf ihr wohl", denn die Vegetation täuscht ihn über den wahren Zustand: „überall stieß er auf dieselbe Mauer, wenn sie auch oft durch das dichteste, blühendste Gebüsch verdeckt war" (Urf. S. 346). Ist zu diesem Zeitpunkt am Beginn seines Aufenthalts auf der Insel noch nicht klar, wer gewinnen wird, die Jugend oder das Alter, so kann man es im Folgenden aus dem zunehmenden Ungleichgewicht von „Trümmern" und Vegetation in ihrem Widerspiel entnehmen. Der Generationskonflikt, der zugleich ein Konflikt zweier Werteinstellungen ist, (nämlich der Aufklärung und der Empfindsamkeit), soll dem Leser nicht als ein der Kultur der damaligen Zeit innewohnender Widerspruch bewußt gemacht werden, der er war, sondern als Naturgesetzmäßigkeit (was den vorläufigen biedermeierlichen Kompromiß keineswegs ausschließt). „Unter diesen alten Menschen, und neben dem alten Gemäuer ging Victor herum, wie ein nicht hieher gehöriges Wesen — sogar die Hunde waren sämtlich alt, die Obstbäume, die sich vorfanden, waren alt, die steinernen Zwerge, die Bohlen im Schiffhause! nur e i n e n Genossen hatte Victor, der blühend war wie er, nämlich die Laubwelt, welche mit üppigen Sprossen über alle die Vergangenheit hinaus wucherte und hinaus wuchs" (Urf. S. 356 f). In der Studienfassung ist nur der letzte Nebensatz verändert: „ ... nämlich die Laubwelt, die lustig in der Verfallenheit sproßte und keimte" (S. 319). In der überarbeiteten Fassung ist also das Symbolwort „Laubwelt" seiner generalisierten Bedeutung dadurch entblößt, daß die abstrakte „Vergangenheit" zur konkreten „Verfallenheit" — nämlich der Gebäude — wird. Ihr Sprießen wird dadurch als eigentlich verharmlost. — Dem Leser wird die Analogie zwischen dem Schicksal der beiden Personen und den organischen Prozessen mit immer denselben Wörtern nahegebracht: „Du trägst den schönen Körper durch die Wellen, durch die grünen Zweige der Waldbäume, die eben so üppig aufsprossen und die alten Obstbäume überwuchern; Du trägst ihn durch die Felsen und durch die alten Mauern, und durch die Lüfte − −" (Urf. S. 362 f). Auch an dieser Stelle wird in der Studienfassung die Suggestion aufgegeben. Der erste Satz ist verändert und der Teil „Zweige der Waldbäume, die eben so üppig aufsprossen und die alten Obstbäume überwuchern" ist gestrichen (S. 326). Eine ähnliche Analogie, nämlich die von Jüngling und Urwald hat Stifter noch einmal im „Hochwald" gestaltet, und zwar als paradoxes Bild für die Persönlichkeit Gregors, also eines alten Mannes: Er neigte den beiden Mädchen immer mehr zu und sein Herz ging unter ihrem Einfluß immer mehr auf, „ — bis es dastand, großartig schön, wie das eines Jünglings, ruhend in einer Dichtungs- und Phantasiefülle, üppig, wuchernd, schimmernd wie jene Tropenwildnisse, aber eben so unbewußt, so ungepflegt, so naturroh und so unheimlich wie sie" (Urf. S. 303).

Von der Benennung der Natur in der „Mappe" über ihre volle Integration in die Erzählungen als funktionsfähiger Träger von Erwartungsprojektionen führt der Weg zur desintegrierten „eingelegten" Naturbeschreibung. Den Schritt zu dieser für ihn charakteristischen Form der Naturbehandlung schildert der Dichter selbst am Anfang des Abschnitts „Am Waldwasser" der Erzählung „Der Waldgänger". Dies ist zugleich die umfangreichste und vielleicht schönste beschreibende Natureinlage in den Erzählungen. Ihr hatte er offenbar eine exemplarische Bedeutung zugedacht[14].

Der Waldgänger Georg schaut auf den Böhmerwald zurück; „wo er mit einem Händedrucke und dem frohen Versprechen des baldmöglichsten Wiederkommens geschieden war, und wo er dann von der Scheidelinie in das Land zurück schaute, in dem seine Liebe wohnte, hatte er sie zum letzten Male gesehen – kühle Erde deckte schon seit langem ihr gutes Herz – was er sonst anstrebte, erreichte er nicht oder er erreichte es anders, als er gewollt hatte, oder er wollte es nicht mehr erreichen; ... oft hatte er wieder die Wälder, die Berge, die Täler gesehen, wo er einst an ihrer Hand gewandelt war, sie hatten einen Teil des schönen Dufts abgestreift, und standen bekannt und klar und einsam um ihn herum, und öfters war es ihm nicht anders als sähe man noch den Glanzhauch aus dem Himmel hinausziehen von dem Herzen, das einstens hier gelebt hatte und nun fortgegangen war. Dennoch ist ihm die Gegend immer lieb und teuer geblieben ..." (S. 374 f).

Bestimmte Ereignisse im Leben des Waldgängers, darunter eine Liebesenttäuschung, haben dazu beigetragen, daß er seine heimatliche Landschaft mit anderen Augen ansieht als zuvor. Der „schöne Duft", der „Glanzhauch" sind verloren, die Landschaft steht „bekannt, klar, einsam" vor ihm. Stifter gibt damit eine ziemlich genaue Beschreibung der Auflösung einer Projektion auf die Landschaft, die sich daraus ergibt, daß diese die Heimat der Geliebten des Waldgängers gewesen war. Angesichts des strikt autobiographischen Inhalts gerade dieses Anfangs der Erzählung, der ein Resumee des Stifterschen emo-

---

14 Von der zeitgenössischen Literaturkritik des programmatischen Realismus ist diese Partie konsequenterweise als eine Topographie Oberösterreichs mißverstanden worden.

tionalen Lebens ist, dürfen wir schließen, daß Stifter damit auch eine autobiographische Begründung für seine vergleichsweise symbolfreie Naturdarstellung gibt. Die Gegend ist ihm zwar dadurch, daß er sich in seinen auf sie gerichteten Erwartungen enttäuscht sah, nicht gleichgültig geworden. Die Wälder und Berge hatten ja nur „einen Teil des schönen Dufts abgestreift", und „die Gegend ist ihm immer lieb und teuer geblieben". Das Ergebnis ist aber eine faktengetreue Landschaftszeichnung unter weitgehender Zurücknahme des lyrischen Ichanteils. Auch in dieser nüchternen objektivierten Form hilft Waldgänger-Stifter die Natur noch bei seinem Bemühen, seine Mißerfolge im Leben, die er an dieser Stelle ausbreitet, zu überwinden. Später wird auch dieses Refugium der Natureinlagen in Frage gestellt: „Ich lebe und atme nur in der Klarheit, Reinheit, Ungestörtheit und Erhebung des Geistes und Gemüthes — und wo ist all das hin seit 1848? Meine theure Freundin, die mich so oft erfreut, getröstet, geliebt hat, die Natur, auch diese hat ihr Antlitz geändert, seit man weiß, daß Menschen in ihr herum gehen, die so sind, wie sie eben sind, Thoren und Schlechte in viel größrer Zahl, als ich je dachte" (nachgewiesen bei 11, S.79).

Wenn auch Stifter im Laufe seines Lebens immer stärker bewußt wurde, daß ihn seine Geborgenheitserwartungen trogen, blieb ihm doch die mit Vegetation bedeckte Landschaft stets ein Zeichen der Gewißheit der überindividuellen Dauer des Lebens.

2.3.2 Ungeborgenheit in der physikalischen Umwelt

Die wild wuchernde Vegetation birgt, tröstet und täuscht nicht nur, wo die Menschen der Vergänglichkeit ausgesetzt sind, sie hilft auch Naturkatastrophen bewältigen. An die Stelle der Pflanzen treten dann oft, etwa in den „Bunten Steinen", „pflanzenhafte" Menschen, vor allem Kinder. Zur Genese der wichtigsten dieser Geschichten, „Bergkristall", berichtet Friedrich Simony eine Aussage Stifters: „Ich habe mir jetzt das Kindespaar von Gestern in diesen blauen Eisdom versetzt gedacht; welch ein Gegensatz wäre dies liebliche, aufknospende frisch pulsierende Menschenleben zu der grauenhaft prächtigen, starren, todeskalten Umrahmung!" (zitiert nach 31, S.179).

Dieser „Gegensatz" von Leben und Tod wird gelegentlich nur durch Naturbeschreibungen gekennzeichnet und gesteigert. In der Selbstmordepisode der „Mappe" werden so die widerstreitenden Impulse, die den Doktor in seinem Konflikt bewegen, indirekt zum Ausdruck gebracht. Es sind Naturprojektionen des Icherzählers, die uns zu seinen geheimsten Regungen einen Zugang ermöglichen sollen. „Es war ein ganz heiterer warmer Nachmittag; der Wald, damals noch viel größer als heute, so still, so ganz totenstill und harrend, daß die vielen Birken, alt und jung umherstanden, und alle m i c h ansahen; – dem grünen Rasenplatze gegenüber, viele Klafter hoch, standen taube graue Felsen, eine stumme, glänzende Lichtflut prallte von ihnen zurück – auf ihr wird meine Tat durch den Himmel schwimmen – von dem Firmamente hing die tiefblaue Frühlingsluft, so erdwärts, daß man meinte, die Gipfel der Bäume seien in ihre Farbe getaucht." (Urf. S. 175; vergl. auch Nachwort von Max Stefl.)

Unterscheiden wir strikt nachprüfbare Fakten und emotional gefärbte Interpretation, so bemerken wir folgende Hinzufügung des Ich-Erzählers: Der Nachmittag war „heiter", was wohl nicht nur unbewölkt bedeutet, sondern auch eine Gemütsstimmung bezeichnet. Der Wald war „so ganz totenstill und harrend", nicht nur wegen der offenbar herrschenden Windstille oder der besonderen Größe des Waldes. Mit seiner Stille hängt es, wenn wir dem Doktor folgen, zusammen, „daß die vielen Birken, alt und jung umherstanden, und alle mich ansahen"; hier werden nicht mehr nur die Gesetze der Physik, sondern auch die der Logik übersprungen zu Gunsten eines Anthropomorphismus: die Birken sind dem Doktor stumme Gesprächspartner. Dafür geht es gleich darauf umso physikalischer im fachwissenschaftlichen Sinne weiter: Von dem Felsen ist die Rede, der frei von jeglicher Vegetation ist und daher die Sonnenstrahlen kaum absorbiert. Daher wird auf der von ihm reflektierten Lichtflut „meine Tat durch den Himmel schwimmen". Hier bietet der naturwissenschaftlich gebildete Doktor zwar kein Faktum, das er vor sich sieht, aber eine Annahme, die auf Grund der Forschungsergebnisse der Optik und der Astronomie gerechtfertigt ist. Er verknüpft dadurch die Tat, von der er spricht, mit dem Kosmos. Ob es irgendwo außerhalb der Erde eine Netzhaut oder sonst einen Projektionsschirm gibt, die die Abbildung seiner Tat überhaupt aufnehmen, läßt er offen. Die Möglichkeit der

Beurteilung der Tat durch eine metaphysische Instanz, auch wenn sie nicht einmal benannt ist, wird so angedeutet.

Der Felsen begegnet uns wieder, als der Obrist später die Vorgänge zwischen seiner Tochter und dem Doktor analysiert, die zu dem Selbstmordentschluß geführt hatten. Margarita sei „vor dem Felsen der Gewalttat" zurückgewichen; mit der Metapher meint er Augustinus' Erpressungsversuch. Ihr „drohet in der Raserei trotziger Leidenschaft gar mit Selbstmord" (Urf. S. 197).

Auch der letzte Satz unseres Textes weist erhebliche Eingriffe auf, da die tiefblaue Frühlingsluft zu einem Anhängsel des Firmaments gemacht wird, das ja am Tage nicht sichtbar ist, und die Szene spielt am Tage. Eine unausgesprochene wissenschaftlich gesicherte Erkenntnis der Physik, wie sie die oben genannte Stelle stützte, kommt hier zur „Rettung" dieses Satzes als Faktum nicht in Frage, da die Lufthülle der Erde unabhängig von den Planeten und Fixsternen existiert. Sie hat mit diesen nur gemein, daß sie sich für das menschliche Konzept vom Raum „oben" befindet. Diese Frühlingsluft nun, die mit dem Kosmos so unnatürlich eng verbunden ist, wie es die Tat ist, die der Held vorhat, ist zugleich sehr erdnah. Denn nun wird sich der Erzähler des projektiven Charakters seiner Naturschilderung gleichsam doch noch bewußt, er schränkt ihren bisher behaupteten Eigentlichkeitscharakter ein: sie „hing ... so erdwärts, daß man meinte, die Gipfel der Bäume seien in ihre Farbe getaucht"; – „daß man meinte" will etwa sagen, daß seine Beobachtung zwar subjektiv gefärbt war, aber von vielen Menschen geteilt worden wäre.

Am Schluß der Stelle endlich wird der „Gegensatz" so zugespitzt, daß nun erst recht klar wird, was der Ich-Erzähler von der belebten und was er von der kosmischen Natur genau erwartet: „ – von dem Firmamente hing die tiefblaue Frühlingsluft, so erdwärts, daß man meinte, die Gipfel der Bäume seien in ihre Farbe getaucht. – – ... – zufällig sah ich aufwärts, die Himmelsbläue drängte sich noch dichter zwischen die Baumzweige, und es war, als rührte sie sich, und wallete unhörbar –" (Mappe, Urf. S. 175. In die Studienmappe ist die Steigerung unverändert übernommen.) Der kalte, durch die tiefblaue Farbe der Luft bezeichnete Kosmos rückt der Erdoberfläche immer näher, die Bäume halten ihn nicht auf, das Gleichgewicht zwischen kaltem Kosmos und bergender belebter Natur auf der Erdoberfläche ist in Gefahr.

Der Held hat durchgängig das Für und Wider, das er in sich beim Entschluß zum Selbstmord verspürt, auf die ihn umgebende Natur übertragen. Die Natur hat sich dabei gegenüber einer „naturalistischen" Auffassung der gleichen Darstellungsgegenstände sehr verändert. Der Ich-Erzähler läßt offen, wo er sich noch an die konkrete, erlebte, oder zumindest als möglich ersonnene Wirklichkeit hält, und wo er diese verläßt. Zu einer Natursymbolik im Sinne der goethezeitlichen Tradition vermag es so nicht zu kommen. Die Schwankungsbreite zwischen naturalistischer und symbolistischer Auffassung innerhalb eines so kurzen Textabschnitts, die Unruhe und Spannung sind zu groß, als daß sich ein Symbol entfalten und Verbindlichkeit gewinnen könnte.

Der Doktor ist wieder zu sich gekommen: „ – dort stehen schöne Bäume, deren Blätter sich unmerklich regen, dort die Felsenwand mit tausend eingelegten Glimmerflittern, die weißen Birkenstämme schreiten in die Waldestiefe, ihnen entgegen strömt die Flut der tiefen Nachmittagssonne, und wirft grünes Gold durch alle Zweige, weißes Mattsilber auf die Stämme, und unzählige Demantenfunken auf die Felsen. War das nicht vor wenigen Augenblicken auch so? Wie Schuppen fiel es mir von meinen Augen, und in meiner Seele stieg es auf, wie Freude eines Geretteten, – ich stand noch an derselben Stelle – die Wildnis schwieg um mich, nur glomm sie unversehens immer mehr vom Abendfeuer an und streckte lange Schatten längs des Rasens ..." (Urf. S. 177 f). Die Projektion wird vom Träger der Erlebnisse selbst bewußt aufgelöst und sofort eine neue, positive Erwartung auf dasselbe Landschaftsbild übertragen.

Es kommt in der hier untersuchten Episode, ebenso wie in „Bergkristall" und den meisten anderen Erzählungen nicht zur äußersten Konsequenz der Katastrophe, dem Tode; „eine Neigung zum Exzessiven, Elementar-Katastrophalen, Pathologischen" (Thomas Mann, zitiert nach 29, S. 154) in der Schilderung von Mensch und Natur ist aber unübersehbar. Stifter hat schon bei seinen ersten kindlichen Gestaltungsversuchen solche Gegenstände bevorzugt. Hein bereits hatte dafür die Erklärung gefunden, daß ihn die Objektivierung solcher Erscheinungen durch Verbalisierung entlastete. Stifter kam „zufällig" auf die Idee, „ein Gewitter, das eben ausgetobt hatte, zu beschreiben, und er fand, daß ein solches Arbeiten gleichwie das spätere Durchlesen des vollendeten Gedichtes all die guten und schönen Eindrücke, die er während des Gewitters empfunden, in demselben Maße und in derselben Stärke erzeuge, daß aber die Schrecknisse des rollenden Donners und alles das, was ihm unangenehm und furchtbar erschienen war, hinweggeblieben" (35, S. 133).

Häufig kommt die übermäßige Gewitterangst im Kindesalter, die bei dem jungen Stifter vorausgesetzt werden kann, dadurch zustande, daß die Angst vor dem Vater auf das Gewitter übertragen wird. Identisches Element der Erscheinungen des Vaters und des Gewitters ist dabei das Laute, Grollende der Stimme des Vaters und des Gewitterdonners.

Die Bevorzugung pathologischer, krasser Motive findet sich häufig bei Schriftstellern, die aus affektiven Gründen frühzeitig eine Anpassung an ihre Umwelt verfehlt haben und sie auch als Dichter nicht erreichen. In Epochen chaotischer politischer und sozialer Verhältnisse mit vermehrten Aggressions-, Angst- und Selbstmitleidsreaktionen vermochten sie eine Stiltradition auszubilden, so im späten Mittelalter, im Barock und in der Zeit des Hochkapitalismus. Die Zeitverhältnisse forderten den Künstler zu einer einseitigen Auswahl der Motive heraus. Stifter als ein in einer beruhigten Epoche lebender Dichter konnte sein Bedürfnis nach grellen Motiven durch den Rückgriff auf eine solche Stiltradition ästhetisch und für seine Leser akzeptabel machen. Der christliche Naturalismus der Barocktradition war im Donauraum und weit darüber hinaus noch lebendig und wurde verstanden.

Es genügt allerdings nicht, sich bei der Analyse von Stifters Vorliebe für Kosmos-Darstellungen mit dem Nachweis der vom Dichter fruchtbar gemachten Tradition zu begnügen. Es muß ein konkretes Trauma im Leben des Dichters nachweisbar sein, das er zu bewältigen suchte. Bei diesem Bemühen kann ihm eine Tradition erst interessant erscheinen. Diesen methodischen Ansatz hat W. H. Rey (28, S. 9) verfolgt. Auf die traumatische Vorgeschichte, die das naturwissenschaftliche Bildungserlebnis des jungen Mannes mit hoher Wahrscheinlichkeit in Kindheit und Jugend gehabt hat, geht Rey jedoch nicht ein. Die emotionale Folge dieses persönlichen Aufklärungserlebnisses, das

„Erschrecken", wird als Teil der religiösen Bildung erfaßt: im Gegensatz zum Messias Klopstocks „... zeigt sich im 'Condor' deutlich die Bedrohung des religiösen Weltbildes durch die naturwissenschaftliche Erkenntnis, die von Stifter als Bedrohung des Menschen empfunden wird. Denn das kosmische Schwindelgefühl, das er hier gestaltet, ist nur ein Symptom für die Verlorenheit des aus der religiösen Bindung entwachsenen Menschen im sinn-leeren All" (28, S. 11). Die Erkenntnis der faktischen Ausgeliefertheit der Menschen an die physikalische und physiologische, aber auch an die psychische Natur bringt eine intellektuelle und eine religiös-affektive Erschütterung, die vermutlich eine schon vorhandene, in die Kindheit zurückgehende Ungeborgenheitsbedrohung verstärkte. Ohne die ausgesprochen affektive Seite seines naturwissenschaftlichen Bildungserlebnisses wäre es vielleicht nicht zur dichterischen Verarbeitung des Konflikts von Glaube und Erkenntnis gekommen, sondern zur rein naturwissenschaftlichen oder zur ideologisch-philosophischen, wie sonst vielfach im 19. Jahrhundert. Die rationalisierende Verarbeitungsform von Konflikten spielte bei Stifter nur eine untergeordnete Rolle. Die Tätigkeit des Naturforschers und Wissenschaftlers hat Stifter immerhin ins Auge gefaßt.

Die Entwicklung von Stifters Gläubigkeit wurde neuerdings erhellt durch die Nachweise F. W. Wodtkes an der Schicksalsbildlichkeit der „Letzten Mappe" (38, S. 27). Die vollständige Tilgung aller Bekundungen seiner „Pietät" aus diesem Werk ist Ausdruck einer persönlichen Entchristlichung, die es Stifter in letzter Konsequenz erst ermöglichte, Hand an sich zu legen. Von dieser letzten Lebenszeit abgesehen bestanden aber für ihn bestimmte durch seine religiöse Erziehung gesetzte Erwartungen weiter, die für den überwiegenden Teil seines Werkes entscheidend sind. Erst ein noch radikaleres, auch aus soziologischen und politischen Einsichten gespeistes Aufklärungserlebnis hätte das Niveau der Glückserwartungen endgültig zu beschränken vermocht. Diese zweite, konsequentere Aufklärung erfolgte erst in der zweiten Jahrhunderthälfte. Den dazu erforderlichen Übergang vom Dualismus zum Monismus des modernen Naturwissenschaftlers hat Stifter trotz seiner naturwissenschaftlichen Bildung jedenfalls nicht vollzogen. Die Realisten, mit denen er zeitweilig wetteiferte, blieben ihm immer voraus. Ihnen bedeutete das als selbständig gedachte Schicksal nichts mehr, sie litten nicht unter seinen Spannungen, die polar angeordneten Zeichen der Geborgenheits- und Ungeborgenheitsreaktion sucht man in ihrer Dichtung, als zentrale Inhalte zumindest, vergebens.

Wer dagegen, wie Stifter, im letzten doch die Gotteskindschaft als einen Sollzustand seiner Person betrachtet und mit seinem Istzustand vergleicht, wird leicht unter Schuldgefühlen leiden. Wer das Reich Gottes als den Sollzustand der sozialen, politischen und moralischen Welt betrachtet, fühlt sich im Istzustand der Welt ungeborgen. Wer soweit aufgeklärt ist, daß er, wie Stifter, Klarheit über das tatsächliche Fehlen aller absoluten Geborgenheit hat, ohne doch das überhöhte Selbstbild und das Idealbild der Welt des Heils aufgeben zu können, wird vollends unter der Diskrepanz leiden. Zu den unstillbaren Bedürfnisspannungen wäre es nicht gekommen, wenn Stifter sich von den durch seine religiöse Erziehung einmal gesetzten Erwartungen hätte befreien können, als er nicht mehr glaubte. Seine Unfähigkeit, diesen Schritt zu vollziehen, legt die Hypothese nahe, daß er diese Erwartungen brauchte. Sein fortdauerndes unrealistisches Anspruchsniveau kann eine Reaktion auf Mißerfolge bei dem Streben nach Geltung und Erfolg, nicht nur vor einer metaphysischen Instanz, sondern, zunächst einmal jedenfalls, bei seinen Vätern und, von dort ausgehend, vor sich selbst gewesen sein.

Immerhin ist aber ein gravierender Einbruch in überkommene Ordnungsvorstellungen erfolgt in Gestalt des naturwissenschaftlichen Bildungserlebnisses. Den greifbarsten literarischen Niederschlag hat es im „Condor" gefunden, der entsprechend seiner zentralen Bedeutung in der Werkgeschichte wiederholt durch Interpretationen gewürdigt worden ist. Im „Condor" wird dargestellt, wie das unrealistische Verhältnis einer Frau zum Kosmos, ihre positive Erwartungsprojektion, ins Gegenteil umschlägt. Eine Deutung auf der Subjektstufe, bei der die handelnden Figuren als Seiten der Person des Erzählers aufgefaßt werden, würde Cornelia als das schwache, fühlende „Weib in Stifter" verständlich machen. Damit fände der in Stifters Werk seltene Umstand eine Erklärung, daß eines seiner eigenen Kernprobleme von einer Frauenfigur repräsentiert wird. Im Gegensatz zu den beiden affektfreien männlichen Forschern in der Gondel überfällt „...
die fühlende weibliche Seele ... bei der Erkenntnis der grausamen

Wahrheit, was Erde und Himmel ihrem Wesen nach wirklich sind, der Wahnsinn, und Tod bedroht sie" (F. W. Wodtke, 38, S. 14). Danach würde der „Condor" die Bedeutung des Bildungserlebnisses für Stifter in dem Sinne spiegeln, daß seine naturwissenschaftlichen Einsichten seine empfindsame Einstellung zum Leben, seine Geborgenheit auf der mütterlichen Erde mit ihrer Natur und ihren Menschen in Frage stellen und ihn damit zentral bedrohen.

Anhand der Raumfahrtepisode des „Condor" soll im folgenden überprüft werden, ob die in die Schilderung des Kosmos eingehenden Abweichungen von den objektiven physikalischen Gegebenheiten aus einer Furcht vor einer solchen zentralen Bedrohung erwachsen sein können, ob also eine Erwartungsangst auf den Kosmos übertragen wird. „Der erste Blick war wieder auf die Erde – es war nicht mehr das wohlbekannte Vaterhaus; in einem fremden goldenen Rauche lodernd, taumelte sie gleichsam zurück, an ihrer äußersten Stirne das Mittelmeer wie ein schmales gleißendes Goldband tragend, überschwimmend in unbekannte phantastische Massen. Erschrocken wandte die Jungfrau ihr Auge zurück, als hätte sie ein Ungeheuer erblickt, – aber siehe, auch um das Schiff walleten weithin weiße, dünne, sich dehnende und regende Leichentücher – von der Erde gesehen Silberschäfchen des Himmels; – zu diesem Himmel nun floh der Blick – aber das Himmelsgewölbe, die schöne blaue Glocke unserer Erde, war ein ganz schwarzer Abgrund geworden, ohne Maße und Grenze in die Tiefe gehend – das Labsal, das wir so gedankenlos genießen, war hier oben ganz verschwunden, die Fülle und Flut des Lichtes auf der schönen Erde. Wie zum Hohne wurden alle Sterne sichtbar – winzige, ohnmächtige Goldpunkte, verloren durch die Öde gestreut – und endlich die Sonne, ein drohendes Gestirn, ohne Wärme, ohne Strahlen, eine scharf geschnittene Scheibe aus wallendem, blähendem, weißgeschmolzenem Metalle glotzte sie mit vernichtendem Glanze aus dem Schlunde – und doch nicht einen Hauch des Lichtes festhaltend in diesen wesenlosen Räumen; nur auf dem Ballon und Schiffe starrte ein gelbes Licht, das sich gespenstisch von der umgebenden Nacht abhob, und die Gesichter scharf zeichnete wie in einer laterna magica. Und dennoch (die Phantasie begriff es kaum) war es noch unsere zarte liebe Luft, in der sie schifften, dieselbe Luft, die morgen die Wangen eines Säuglings fächelt" (Urf. S. 14 f). Auch dem ganz objektiven wissenschaftlichen Beobachter

wird die Erde fremd vorkommen, wenn er sie erstmals aus einem
Raumfahrzeug sieht, denn jedem von uns erscheint sie ja zumeist als
„wohlbekanntes Vaterhaus". Dieses Bild ist gewählt worden, um Geborgenheit auf der Erdoberfläche zum Ausdruck zu bringen, genauer:
um eine Geborgenheit auf unseren Planeten zu projizieren, die er ja
nur bedingt bietet. Noch deutlicher wird das projektive Element der
Darstellung, wo das Gegenteil, die Ungeborgenheit, zum Ausdruck
kommt: Die Erde „taumelte ... gleichsam zurück". Stifter weiß mit
seinen Lesern, daß die Erde gesetzmäßigen Bewegungsbahnen folgt.
Allenfalls taumelt das Raumschiff, aber letztlich soll wohl deutlich
werden, daß die Betrachterin „taumelt" und diese Unsicherheit ihres
Gesichtspunktes auf die Erde projiziert. Der nächste Satz löst dann
die Beobachtung durch einen Als-ob-Vergleich als etwas Projektives
ausdrücklich auf: „Erschrocken ..., als hätte sie ein Ungeheuer erblickt". Diese Klärung hält aber nicht vor, sogleich werden die Bereiche wieder vermischt: Leichentücher – Silberschäfchen des Himmels, je nach Standort. Beide Kennzeichnungen sind projektiv, die
erste signalisiert Todesangst, die zweite kindliches Vertrauen. Die
Gegensatzbildung zieht sich so immer weiter durch den Text: „schöne
blaue Glocke" = „ganz schwarzer Abgrund", „Labsal ... ganz verschwunden" = „Fülle und Flut des Lichts". Die Sonne wird, dem damaligen Stand der Wissenschaft entsprechend physikalisch exakt, wie
ja alle astronomischen Sachverhalte bei Stifter, „ohne Wärme, ohne
Strahlen" beschrieben, „aus wallendem, blähendem, weißgeschmolzenem Metalle", aber in den Satz ist auch ihre ganz negative Anmutungsqualität eng hineinverschachtelt: „ein drohendes Gestirn ...
glotzte sie mit vernichtendem Glanze aus dem Schlunde". Der letzte
Satz des Abschnitts endlich löst die Spannung des Gegensatzes von
vertrautem und unvertrautem Kosmos in seiner physikalischen Iden-
tität auf: „Und dennoch ... war es noch ... dieselbe Luft, die morgens die Wangen eines Säuglings fächelt". Selbst diese Auflösung im
sprachlichen Grundbereich enthält noch eine Projektion. Der Säug-
ling als Vertreter beginnenden Lebens steht im Gegensatz zu der
Todesdrohung des Raums mit seinen „Leichentüchern" und dem „ver-
nichtenden" Glanze der Sonne.

Bild- und Grundbereich gehen in diesem Textbeispiel schwer unterscheidbar ineinander über, zumal Stifter seine wissenschaftlichen

Erklärungen zu den dargestellten Sachverhalten in der Urfassung in Fußnoten verbannt. Leicht zu unterscheiden sind dagegen optimistische und pessimistische Interpretationen der gesehenen Welt.

Eine derartige kosmische Bildwelt erinnert an das Vorbild der Empfindsamen, an Klopstock. Aber bei ihm, dem Exponenten der mystischen Tradition, erzeugt die „Eroberung des Kosmos ... keine Katastrophenstimmung" (37, S. 226). Und selbst Stifters unmittelbares Vorbild in dieser frühen Zeit, Jean Paul, hebt die apokalyptische Bedrohung noch harmonistisch auf. So scheint Stifter unter dem Eindruck bestimmter Ereignisse, deren letztes, sein naturwissenschaftliches Bildungs- und Aufklärungserlebnis, sich in diesem Text niederschlägt, über Pietismus und zweite Mystik hinaus auf die kosmische Bildwelt des Barock zurückgegriffen zu haben. Auch dort finden wir ja, vor allem bei Gryphius, die „Visionen des Weltuntergangs, die beiläufige Gedanken an die Harmonie des Kosmos auslöschen" (37, S. 196). Freilich war hier noch das Gegenüber von Grund- und Bildbereich klar unterscheidbar. „Nicht die Natur selbst ist todverfallen und apokalyptisch, sondern die religiös-sittliche Welt" (37, S. 203). Das ist, wie wir gesehen haben, bei Stifter anders geworden. Er nimmt im historischen Kontinuum, wie es Windfuhr in seiner Untersuchung der barocken Bildlichkeit skizziert, zwischen den Polen der affekthaft-pathetischen Metaphorik des Barock und der subjektivistischen des Expressionismus einen mittleren Platz ein. Wohl bildet auch bei ihm die Katastrophennatur noch den moralischen Zerfall der Kultur ab, aber nicht mehr ausdrücklich-allegorisch, und die faktische Gefahr der inneren und äußeren Natur für die Menschheitskultur wird wichtiger. Dennoch sind auch bei Stifter, wie bei den Barockkünstlern, „die kosmischen Störungen und Katastrophenbilder noch außergewöhnliche Situationen" (37, S. 204). Seine Idyllen bleiben die positive Folie, auf der sie eintreten. In späteren Niederschriften, die nach dem „Condor" entstanden, hat Stifter die Vorstellung der chiastischen kosmischen Katastrophe als seiner persönlichen Form der Säkularisierung teleologischer heilsgeschichtlicher Auffassungen knapp skizziert: „Und ein blühend riesenhaft Geschlecht lustwandelt auf dem Hügel, der einst ein Weltkörper gewesen war und eine Geschichte hatte von billionenfacher Lust und billionenfachen Schmerzen. Seine einstigen Bewohner sinken nach und nach zurück im Laufe der Jahrmillionen und stehen endlich nur mehr im Gedächtnisse des Einzigen, der alles überschaut und leitet." („Reflexion über den Tod der Erde", zitiert bei Hein, 18, S. 53.) Ein Anklang findet sich auch in einer Reflexion der „Katakomben": „Ein vornehmes und ungestörtes Begräbnißplätzchen! als ob irgend auf der Erde etwas Ungestörtes, etwas Unvergängliches wäre! ja, ist nicht am Ende sie selber vergänglich, und wird eine Leiche, so wie die, die man jetzt so sorglich in ihrem Innern verbirgt?" (S. 353). Die Vermenschlichung, die das Bild von der Erde als „Leiche" ausdrückt, soll eine Umkehrung nahelegen: den Menschen als ein Ding, als Himmelskörper im All zu sehen.

In dem Jahre später geschriebenen sehr persönlichen „Waldgänger" begegnet uns ein unwillkürlicheres und darum vielleicht wertvolleres Zeugnis von Stifters Aufklärungstrauma. Der Waldgänger entwickelt seine trostlose Kreislaufphilosophie von der Rolle der Familie im menschlichen Leben und bezieht zum Schluß auch seinen Hegerbuben ein, „. . . er mag sich nun zu einer Handarbeit, zu einem Gewerbe gewendet haben oder zu dem Meere der Wissenschaft, auf dem er fortsegelt, bis auch er wieder von seinen Söhnen verlassen ist und allein auf dem Schiffe steht, bis es sinkt" (S. 468). Dies scheint auf den ersten Blick ein schiefes Bild zu sein, denn Wissenschaft gibt nach allgemeiner Anschauung festen Grund, Klarheit, Gewißheit. Das Meer eignet sich ja eher als Symbol der völligen Unsicherheit und jähen Gefährdung. Die erwartungswidrige Bildwahl kann so interpretiert werden, daß das naturwissenschaftliche Bildungserlebnis Stifter in seinen eigenen Augen zunächst einmal Ungeborgenheit, Unsicherheit gebracht hat, und daß es das Todesproblem akut werden ließ oder reaktivierte. Die sich anschließende Generalisierung der Metapher „auf dem er fortsegelt", was aus der Seefahrt das gefährdete menschliche Leben im Sinne der barocken Bildtradition werden läßt, legt diese Deutung nahe. Die Interpretation der Metapher insgesamt könnte dann lauten: Wissenschaft erweist die Vergänglichkeit des Lebendigen. Denn außer Glückswechsel, Gefährdung durch innere und äußere Katastrophen- und Affektnatur und durch den Zufall bedeutete Seefahrt an dieser Stelle offenbar vor allem Todesnähe, wie der Schluß zeigt: „. . . bis es sinkt".

Wichtig ist auch der Kontext. Die Söhne des Waldgängers sind keine Wissenschaftler geworden, wohl aber einer von ihnen Künstler.

Beide haben sie auch im Grundbereich mit der Seefahrt zu tun, der eine ist Seemann geworden, der andere nach Südamerika gegangen. Die Söhne des alten Waldgängers und er selbst sind also alle auf eine Weise vom „Meer" berührt. Auch inhaltlich hat ja das Wissenschafts- und Bildungserlebnis zentrale Bedeutung für diese Erzählung, die einen Rückblick auf den Abbruch des Jurastudiums und den Übergang zum Physik- und Mathematikstudium gibt. Die Metaphorik an dieser Stelle erhält ferner Gewicht dadurch, daß der „Waldgänger" ansonsten wenig Bildlichkeit enthält und zur sprachlichen Gestaltung nach Art der Spätwerke tendiert (33 Bd. VI, 7).

Das naturwissenschaftliche Bildungserlebnis hat Stifter nicht nur eine elegische Brechung seiner enthusiastischen Empfindsamkeit gebracht, sondern auch Impulse einer positiven Verarbeitung im dichterischen Schaffen: „Die existentielle Beunruhigung hat also nicht nur zur Flucht geführt, sondern zu einem unermüdlichen, schöpferischen Ringen um die Sinngebung des Lebens"; (28, S. 8). – Die Rückkehr des Condor aus dem Weltraum „in die Wohnlichkeit der mütterlichen Erde ist nicht Folge eines ärgerlichen Zwischenfalls, sondern ein symbolischer Akt, in dem Stifters eigene Entwicklung vorweggenommen wird. – Das Gefühl der Geborgenheit in der göttlichen Ordnung der Natur schließt keineswegs Nachklänge jenes kosmischen Erschreckens aus, das sich im 'Condor' spiegelt" (28. S. 13).

Besonders lebendig ist die Kosmosproblematik in den Scharnast-Erzählungen „Narrenburg" und „Prokop". Jodok schreibt von sich: „ein Herz war es, ohnmächtig staunend vor seiner eigenen Kraft und Fülle. Sein ganzes Universum warf Gott an dieses Herz, daß es erdrückt würde vor Erstaunen, aber es wurde nicht erdrückt; denn es nahm das Universum auf, und das andere, das um dieses Universum ist, und dann noch ein anderes, und immer mehr ... es flog durch den leeren Raum, der um das Universum liegt, – es flog immer fort ... und dürstete noch" (Narrenburg, Urf. S. 142 f. In der Studienfassung ist die Stelle gestrichen). Hier vollzieht Jodok eine Weltraumfahrt, noch viel weiter, als die des „Condor", in Form eines phantastischen Gedankenexperiments, um den Erkenntnisprozeß und seine affektiven Weiterungen anschaulich zu machen. Jodok geht aber bei seinem Streben nach Allumfassung nicht unter, wie Cornelia, sondern er verarbeitet erfolgreich die Bedrohung, die ihm die astronomische

Erkenntnis bedeutet: „Sein ganzes Universum warf Gott an dieses Herz, daß es erdrückt würde vor Erstaunen, aber es wurde nicht erdrückt"; viel unsicherer erscheint Jodok, was die Verarbeitung der ungeheuren astronomischen Tatsachen im Hinblick auf das Zeitkontinuum betrifft, dem wir Menschen verhaftet sind: „aber da rollt die Welt um eine Achse, sie rollt auch gerade aus fort ins Ungeheure, und alle Menschenherzen mit, und wohin? wir wissen es nicht; aber rollen muß das Ungeheure, das Unenthüllbare, das unerbittliche Schicksal, das wissen wir, und millionenmal Millionen haben mitgearbeitet, daß es fortrolle und sie vergingen, sie wurden weggelöscht, sie wurden ausgetilgt aus dem Gedächtnisse der Jahrtausende – – und es ist gut so, daß es geschah"; (Urf. S. 143). Die Studienfassung ändert im Kern nichts: „aber da rollt Alles fort, – w o h i n ? das wissen wir nicht. – Millionenmal Millionen haben mitgearbeitet, daß es rolle, aber sie wurden weggelöscht und ausgetilgt, und neue Millionen werden mitarbeiten, und ausgelöscht werden. Es muß auch so sein . . ." (S. 391). Besonders die schönen Nachtstücke geben Gelegenheit, zu zeigen, wie ein Wissender die Verstörung überwindet, die von seinem Wissen ausgeht: „der senkrecht stehende Vollmond hing lange Strahlen in die Fichtenzweige und säumte das Wasser mit stummen Blitzen – indessen ging die Wucht und Wölbung der Erde, unempfunden und ungehört von ihren Bewohnern, stürmend dem Osten zu – der Mond wurde gegen Westen geschleudert, die alten Sterne mit, neue zogen im Osten auf – und so immer fort, bis endlich mitten unter ihnen am Waldrande ein blasser, milchiger Lichtstreifen aufblühte – ein frisches Lüftchen an die Wipfel stieß – und der erste Morgenschrei aus der Kehle eines Vogels drang! –" (Hochwald, Urf. S. 305). Die Gelassenheit des wissenden Betrachters weicht sofort wieder der alten Angst, wo Versagenserlebnisse im mitmenschlichen Bereich dazu Anlaß geben: „Von den fernen Ländern und Bergen, die man am Tage gleichsam wie in einem sanften Rauche schwimmend von dem Schlosse aus sehen konnte, war in der Nacht nichts zu erblicken und der Berg mit seinem breit gedehnten Gipfel und mit den Werken, die man auf ihm errichtet hatte, stand ganz allein in der ihn umgebenden beinahe fürchterlichen Leere" (Prokopus S. 510).

Prokop führte seine junge Frau in diese Welt ein: „'So bist du jetzt hier auf dem Schlosse, Gertraud', sagte er, 'auf dem du immer und immer leben wirst'. – 'Es ist schauerlich', antwortete sie, 'wir schweben ja mit dem Berge nur in der Luft und rings um uns ist nichts'." (S. 511) Diese sehr zarte Vorandeutung des unglücklichen Verlaufs der Ehe Prokops mit Gertraud gibt uns bereits über eine Ursache der Fehlanpassung der Partner Klarheit: Die Frau teilt nicht das spezielle Bildungserlebnis und Bildungsinteresse ihres Mannes an der Astronomie. Gertraut projiziert vielmehr ihre eigene Angst vor der Ehe in den Kosmos, wenn sie sagt: „Es ist schauerlich, wir schweben ja mit dem Berge nur in der Luft und rings um uns ist nichts."

In den „Feldblumen" schreibt der Maler Albrecht folgende Wunschphantasie seiner zukünftigen Ehe nieder, die zu der Eherealität Prokops (und Stifters) kontrastiert: Er „führte sie heraus vor den Fraunhofer, und zeigte ihr die Welten des Himmels und ging von einer zur andern, bis auch sie ergriffen würde von dem Schauder dieser Unendlichkeit – ... und wir schaueten gegenseitig in unsere Herzen, die auch ein Abgrund sind wie der Himmel, aber auch einer voll lauter Licht und Liebe – mit einigen Nebelflecken" (Urf. S. 35).

Bis in die „Bunten Steine" hinein zieht sich die kosmische Relativierung. Die Landschaftsschilderung um Gschaid wird subsumiert: „So spinnt es sich ein Jahr um das andere ... fort, und wird sich spinnen, solange unser Weltall seine jetzigen Verhältnisse behält und auf seinen Höhen Schnee, in den Tälern aber Menschen hegt" (Der Heilige Abend, Urf. S. 39). Hier begegnet uns auch das aus dem „Condor" schon bekannte kosmische Paradoxon des unsichtbaren Lichts, das wieder ausdrücklich physikalisch begründet wird: „Alles war ... eine einzige weiße Finsternis durcheinander, und wegen der gänzlichen Abwesenheit jeden Schattens konnte man keine Dinge als Körper sehen ..." (Urf. S. 56). Das Motiv wird dann gesteigert und noch einmal aufgenommen: „Bald war es überall um sie herum ganz finster, nur daß der Schnee mit seinem unheimlichen geisterhaften Lichte fortfuhr zu leuchten" (Urf. S. 63).

Der heilige Abend hatte begonnen damit, daß „die blutrote kalte Sonne" sank (Urf. S. 34), wie wir es in seiner erschreckenden Bedeutung aus dem „Condor" kennen. Zu diesem Zeitpunkt ist aber von der Katastrophe nicht die Rede, nicht einmal als Vorandeutung vermag der Leser dieses Bild zu begreifen. Erst an späterer Stelle sprechen die Himmelszeichen eine deutlichere Sprache. Die Kinder sehen, daß „... über die weißen oder grünlich gedunsenen Wolken die finsteren gefransten Streifen starren, ..." (Urf. S. 54). Der alliterierende Anklang an die Wolken im „Condor", die von oben wie Leichentücher erscheinen, ist unverkennbar.

Mit einer derartigen Massierung kosmischer Signale steht allerdings „Bergkristall" in den „Bunten Steinen" allein. In dieser Sammlung verengt sich sonst der kosmische endgültig zum heimatlichen Raum. Aber die aus ihrer herrschenden Stellung verdrängten kosmischen Drohungen kehren als meteorologische Drohungen, als Krankheit, als Feuer wieder. Je idyllischer in den „Bunten Steinen" Stifter wird, desto desintegrierter, bis zum Charakter der „Einlage" wird die elementare physikalische Natur, und das bedeutet: desto zerstörerischer wird sie. Sie ist damit genaues Abbild der psychischen Vorgänge bei der Verdrängung von expansiven Bedürfnissen, die einen anderen Ausweg nicht haben: sie verkrüppeln, pervertieren zur Aggressivität und können die bewahrte Insel reinen Seins, die die Idylle schaffen sollte, zerstören; „denn so wie es in der äußeren Natur ist, so ist es auch in der innern, in der des menschlichen Geschlechts", sagt Stifter in der Vorrede zu den „Bunten Steinen" (S. 7 f).

In dieser Sammlung hat sich nun die Drohung der Katastrophennatur insofern zugespritzt, als es objektiv zu Naturkatastrophen kommt, die nicht die psychische, sondern die physische Natur des Menschen auszulöschen geeignet sind. „Abdias", obwohl in die „Studien" aufgenommen, ist für die „Bunten Steine" der ins Extrem getriebene Präzedenzfall. Seinem Kinde widerfährt das, was den Kindern in den „Bunten Steinen" nur droht. Seine Idylle in Europa ist nur ein Vorgeschmack der noch konsequenteren Idyllen in den „Bunten Steinen". Im wesentlichen bewegt sich aber in der Werkgeschichte Stifters die Verarbeitung des naturwissenschaftlichen Bildungserlebnisses von der subjektiv empfundenen Katastrophe der Ungeborgenheit hin zur objektiven Naturkatastrophe, mag sie zuletzt die Menschen, besonders die Kinder, auch verschonen.

Unter den Beschreibungen objektiver Naturkatastrophen liegt uns eine journalistische Arbeit vor, die unverschlüsselter ist, als die Dichtungen, ähnlich wie der „Gang durch die Katakomben" unverschlüsselter war als die „Narrenburg" oder die „Mappe", und die

„Sonnenfinsternis" (noch) unverschlüsselter als der „Condor". Es ist der Bericht „Aus dem Bairischen Walde". Deutlicher als irgendwo sonst begegnen uns hier Schneefall und Waldlandschaft im Winter als Projektionsfeld für die Todesangst des alten Dichters. Hier handelt es sich nicht etwa um eine ästhetische Stilisierung, Stifter hat das Naturereignis so erlebt, wie er es beschreibt. Die eigenen Handlungen und Verhaltensweisen des Berichterstatters wirken von Angst getrieben. Eine epische Objektivität ist nicht mehr erhalten. Umso deutlicher wird, daß die Besorgnis des Berichterstatters, gemessen am meteorologischen Phänomen, vor allem aber an der Reaktion der anderen betroffenen Menschen, inadäquat war. Das immer wieder beschworene Motiv für die Ausbruchsversuche aus der Waldeinsamkeit, die Gesundheit Amalias, ist wohl nur vorgeschützt, um die Angst wegen der eigenen Gesundheit, dem eigenen Leben zu verdecken, die, wie wir wissen, nicht unbegründet war.

Die letzte Äußerung Stifters zu der Natur als wissenschaftlicher Problemstellung ist der Beginn des autobiographischen Fragments von 1867. Er nimmt hier noch einmal, in ganz objektiver Weise, frei von allen projektiven Umgestaltungen, das kosmische Relativitätsproblem auf, besonders die Frage des endlichen Raumes und der Sonnensysteme. Er findet sich mit ihrer Erforschungsunmöglichkeit resigniert ab. In dieser Hinsicht bleibt er bei der Stellungnahme seines Vorworts zum Abdias: Nur was auf seine Kausalität hin erforschbar ist, ist Gegenstand der Wissenschaft, das andere ist Glaube und Spekulation. Seine unverbindliche „Blumenkette" besteht aus hypothetischen Konstrukten, zusammengefügt zu einer Kausalreihe, an deren Ende als Ergebnis letzte Kleinheiten stehen. Das Fragment beginnt mit den Worten: „Es ist das kleinste Sandkörnchen ein Wunder, dessen Wesenheit man nicht ergründen kann. Daß es ist, daß seine Theile zusammenhängen, daß sie getrennt werden können, daß sie wieder Körner sind, daß die Theilung wieder fortgesetzt werden kann, und wie weit, wird uns hinnieden immer ein Geheimnis bleiben. Nur Weniges, was unserem Sinne von ihm kund wird und Weniges, was in seiner Wechselwirkung mit anderen Dingen zu unserer Wahrnehmung gelangt, ist unser Eigenthum, das andre ruht in Gott. Die großen Massen, davon es getrennt worden ist, und die den Bau unserer Erde bilden, sind uns in ihrer Eigenheit wie das Sandkörnchen.

Sie sind, und wir sagen manches von ihnen aus, das auf dem Pfade unserer Wahrnehmungskräfte zu uns herein kömmt. Und zahlreiche Körper kennen wir, die in ihrer Wesenheit wie unsere Erde in dem ungeheuren Raume schweben, der sich durch sie zunächst vor unseren Augen aufthut, und Millionen und Millionen anderer Körper können wir betrachten, die, wie unsere Sonne der Erde vielleicht verwandt, vielleicht von ihr verschieden sind, und die in dem weit größeren Raume bestehen, der uns durch sie geoffenbart wird und dessen Größe, wie die ungemeine Größe der Körper selbst wir wohl durch Zahlen ausdrücken, aber in unserem Vorstellungsvermögen nicht vergegenwärtigen können.

Und doch ist dieser Raum nur unsere Umgebung, in die wir mit den Augen, wenn sie mit Werkzeugen bewaffnet sind, sehen können. Wie weit er geht, wie unsere Fernrohre ahnen, ob er eine Grenze hat, daß vermögen wir nicht zu bejahen und vermögen wir nicht zu verneinen und vermögen wir nicht zu fassen" (18. S. 20 f).

2.3.3 Weitere angstbesetzte Felder der physikalischen Umwelt: Die unbelebte Erdoberfläche

Diejenigen Stellen der Erdoberfläche, an denen das Gestein zutage tritt, die von Erdkrume entblößt sind oder die nicht kultiviert sind und keine oder keine nennenswerte Vegetation aufweisen, nehmen in Stifters Werk nach dem „Condor" vorzugsweise Ungeborgenheitsprojektionen auf. Sie sind Reduktionsformen der kosmischen Erscheinungen, an deren Stelle sie zum Teil treten, da sie am ehesten die Erde als einen Himmelskörper unter anderen Himmelskörpern bewußt werden lassen. Es gibt ein Signalwort, das fast immer die im Vergleich zum Condor abgeschwächte Bedrohung ankündigt, die als von der Landschaft ausgehend empfunden wird: das Wort „öde", substantivisch oder attributiv verwendet. Das Wort signalisiert andererseits auch Verlassenheit im zwischenmenschlichen Bereich, aber vorzugsweise wiederum dann, wenn diese zugleich auch durch die Landschaft geschieht. Dafür nur einige aus sehr vielen Beispielen: In der „Blutrauschstelle" des „Abdias" wird die Wüste, die sonst dieses an sich

naheliegende Attribut nicht erhält, als eine „Öde" bezeichnet, die Abdias fasziniert (Abdias, Urf. S. 8). Nach dem Scheitern der Ehe mit
Brigitta herrscht „öde Leere in Murais Haus" (Urf. S. 213). Die
Pußta wird mehrfach als „Öde", und noch direkter als „Nichts"
bezeichnet (z. B. Urf. S. 184). Die unkultivierten Landschaften
scheinen unter sich austauschbar. Für Pußta steht auch einmal
„Wüste" (Urf. S. 191), die Öde ist ihre Gemeinsamkeit. Wie das Wort
„öde" kann auch „wüste" als Adverb das introspektiv faßbare Verhalten der Menschen in diesen Landstrichen charakterisieren: „Wüste
war er nach Uwar gegangen" (Abdias, Urf. S. 227). Im „Alten Siegel"
liegt das Schloß in Frankreich in „sehr öder Haide", die noch zusätz-
lich als „öde Landschaft" bezeichnet wird. Dabei ist die Heideland-
schaft auch in Stifters Augen nicht an sich öde, wie wir vom „Haidedorf" wissen. Sie erhält einen Anhauch wie Pußta und Wüste erst
durch die menschliche Misere, die sich in ihr vollzieht. „Öde und
einsam" versauert denn auch der alte Krieger nach seiner Heimkehr
(Das alte Siegel, Urf. S. 267 und 274). Von dem Wohnhaus der „Schwestern" am Gardasee heißt es: „Und auf dem Ganzen war ein so tiefes
Schweigen ausgebreitet, daß gerade die Feierlichkeit der Öde durch
dieses menschliche Haus eher vermehrt, als vermindert wurde" (Urf.
S. 151). Stifter möchte damit eine widerspruchsvolle Situation zum
Ausdruck bringen, daher der pleonastische Zusatz „menschliche";
Schweigen und Öde sind an sich Ausdruck der menschenfeindlichen,
unbewohnten Natur. Der Widerspruch erklärt sich alsbald aus der
komplexen Persönlichkeit der Künstlerin Camilla: „Der Adler ober
ihr war das Sinnbild der Öde, Einsamkeit und Kraft" (Urf. S. 156).
Die äußerste Steigerung der Öde, die Hochgebirgslandschaft, kommt
zweimal in Stifters Werk vor und entsprechend steigert sich ihre Katastrophendrohung: „... denn als wir um einen Felsen herum wende-
ten, sahen wir es plötzlich vor unseren Augen luftig blauen; der Weg
riß ab, und gegenüber glänzte matt rötlich eine Kalkwand" (S. 462). Das
„Nichts" zwischen den zwei festen Erd-Teilen, das mit den aus dem
„Condor" bekannten Epitheta des erschreckenden Kosmos charakterisiert ist, nimmt die Frau des Obrists in ihrem geräuschlosen To-
dessturze auf. Nachher sucht der Obrist mit den Holzarbeitern die
Leiche: „Endlich, da ich tausend Mal zu dem Himmel geschaut hatte,
erblaßten die fürchterlichen Sterne, und das schwache Grau des Mor-

gens war in der Luft." (465) Das Wort „erblassen" ist Synonym für
sterben. Von den fürchterlichen Sternen war vorher nirgends die Rede; und doch spielt der Kosmos, freilich nicht ursächlich, bei dieser
irdischen Katastrophe eine Rolle.

Noch „öder" ist die Hochgebirgslandschaft im „Bergkristall". Die
unwirtliche, nackte Erdoberfläche mit ihren Gesteins-„Trümmern"
(Urf. S. 58) und geologischen Formationen wird zur wahren Mondland-
schaft, dem Himmel näher als der Erde. Die Alpennatur bildet hier
„den stummdrohenden Gegensatz zu dieser stillsten, episch-keu-
schesten seiner Geschichten ..., wie ein Hintergrund von verhaltener
Angst, die ins Landschaftliche übersetzt ist" (6, S. 107). Auch hier,
wie häufig sonst an Katastrophenstellen, ist die kosmische Geräusch-
losigkeit wichtig, da sie stärker als alles andere die „Fühllosigkeit"
der physikalischen Umwelt bewußt macht.

Einen Sonderfall der kosmisch-öden Landschaft als Projektionsfeld
bietet der „Hagestolz", denn sie wird hier zur Trägerin einer vom
Autor bejahten Bedeutung. Sie leitet die Befreiung Victors von der
Fixierung an seine Pflegemutter ein. Victor wandert ins Hochgebirge,
der Insel seines Onkels zu. „Und immer höher kam er empor, der
Raum legte sich zwischen ihn und das Haus, das er verlassen und die
Zeit legte sich zwischen seine jetzigen Gedanken und die letzten Worte, die er geredet" (Urf. S. 313). Raum und Zeit distanzieren ihn also
von allem bisherigen, das konkret und vertraut war. Die beiden Ab-
strakta kühlen auch stilistisch das erhitzte emotionale Klima ab, das
bisher in seinem Leben und seiner Sprache geherrscht hatte. Im weiteren Verlauf wird seine Wanderung zu einer Art Raumfahrt zu Fuß,
einer rudimentären Condor-Unternehmung, aus der er zuletzt, anders als Cornelia im „Condor", dank feinerer Dosierung der Schrek-
ken ungebrochen und gereift hervorgeht: „Sein Weg führte ihn an Berg-
hängen empor, über die er nie gegangen war, bald kam er aufwärts,
bald abwärts, im Ganzen aber immer höher ... damit er keine Menschen sähe ... Die Welt wurde immer größer, wurde glänzender und
wurde weiter ... Die unermeßliche Öde der Luft strich durch seine
braunen Locken" (Urf. S. 313 f. In der Studienfassung unverändert). Am
Morgen nach der Ankunft am Ziel dieser Reise muß Victor entdecken,
daß er das richtige Konzept zur Orientierung in dieser Welt noch nicht
besitzt. Selbst die Gestirne haben ihm in der Nacht zuvor keinen An-

halt geboten, bei Stifter ein einmaliger Fall, von den unwissenden Kindern im „Bergkristall" einmal abgesehen. „Als Victor des anderen Morgens erwachte, erschrak er über die Pracht, die sich ihm darstellte" (Urf. S. 339). Das ist tatsächlich ein (allerdings angenehmes) „kosmisches Erschrecken", und er erinnerte sich der Umgebung, von wo er aufgebrochen war, genau wie es Cornelia tat. Er „steckte das blühende Antlitz zwischen den Eisenstäben hinaus. Sein Erstaunen war außerordentlich – mit all dem Getümmel an Lichtern und Farben herum bildete den schärfsten Gegensatz das todähnliche Schweigen, mit dem diese ungeheuren Massen herum standen. Kein Mensch war zu sehen, auch vor dem Hause nicht, nur einige Vögel zwitscherten zeitweilig in den Ahornen. Welch ein Morgenlärm mochte nicht in allen diesen Höhen sein, die mannigfaltigen Wald trugen, aber sie standen zu ferne, als daß man ihn vernehmen konnte ... er sah einen Teil des Sees. Überall schritten Wände herum und er konnte durchaus nicht erraten, wo er herein gekommen war. Auch die Sonne war an einem ganz andern Orte aufgegangen, als er erwartet hatte, nämlich hinter dem Hause, und seine Fenster waren noch im Schatten, was eben das Licht der gegenüber liegenden Wände noch erhöhte. Mit dem Monde, den er gestern seinem Lichte nach höchstens für eine schmale Sichel gehalten hatte, war er ebenfalls im Irrtume; denn er stand nun als Halbmond noch am Himmel, gegen die Zacken der Gebirge sich nieder neigend. Victor kannte die Wirkung der Lichter in den Bergen noch nicht. Welche Flut hätte auf diese fernen Wände fallen müssen, daß sie so erleuchtet dagestanden wären, wie der Kirchturm seines Dorfes, der im Mondenscheine immer so schimmernd weiß in die blaue Nachtluft emporgestanden war! Obwohl die Sonne schon ziemlich hoch stand, so war doch die Luft, die zu seinen Fenstern herein strömte, noch so kalt, und naß wie er es zu Hause nicht gewohnt war; allein sie belästigte ihn nicht, sondern sie war zugleich so fest und hart, daß sie alle seine Lebensgeister anregte" (Urf. S. 339, Studienausgabe unverändert). Schon zu Beginn des Abschnitts „Aufenthalt" ist der Besucher der fremden Welt einigermaßen gewachsen. Der letzte Satz vor allem zeigt, daß er die Aufgabe, die in dem Neuen liegt, annimmt. Die Umwelt wird dadurch im Verlauf des Abschnitts zusehends freundlicher in ihrem Stimmungsgehalt.

Ganz allein von ihrem Aufgabencharakter für die Hauptfiguren ist die Landschaft des „Kalkstein" bestimmt. Deswegen wohl wird sie auch nicht mit dem sonst immer so nahen Wort „öde" belegt. Stifter will ja die Liebe des Pfarrers gerade zu dieser Gegend wahrscheinlich machen. Bei der Einführung nennt er sie eine „fürchterliche Gegend" (Der arme Wohltäter, Urf. S. 214). Der Landmesser sagt bei der Begrüßung zum Pfarrer: „Und in dieser abscheulichen Gegend haben wir uns zufällig wieder gefunden." Der Pfarrer antwortet: „Sie ist, wie sie Gott erschaffen hat ... — aber manches Mal ist sie auch schön und zuweilen ist sie schöner als alle andern in der Welt" (Urf. S. 216, Studienfassung unverändert). Was ihm diese Landschaft so schön macht und dem Landmesser und Erzähler zumindest nicht „öde", erweist sich dann erst bei näherem Kennenlernen. Die Landschaft hat für die beiden Figuren ihren Aufforderungscharakter zur Übertragung von Verlassenheits- und Ungeborgenheitsängsten verloren. Die Figuren verarbeiten ihre Probleme anders, nämlich altruistisch, sie bedürfen der Angstprojektion nicht mehr.

3 ABWEHRVERHALTEN IN DER MENSCHENDARSTELLUNG DER ERZÄHLUNGEN

Ziel dieses Abschnitts ist es, bestimmte Arten des Abwehrverhaltens von Figuren in Stifters Erzählungen zu untersuchen. Solche Abwehrverhaltensweisen, die im menschlichen Alltag häufig als neurotische Mechanismen vorkommen, sind stets auf die Manipulation der eigenen Bedürfnisse oder der Forderungen der Außenwelt gerichtet. Sie haben die Funktion, einen Kompromiß im Konflikt der Bedürfnisse der Personen mit den Forderungen ihres Überichs als den akzeptierten Forderungen der Gesellschaftsmoral anzubahnen. Sie wurden zusammenfassend beschrieben von Anna Freud (13). Neben solchem Abwehrverhalten finden sich in den Erzählungen auch rationalere Verarbeitungsformen von persönlichen Problemen, die eng mit dem Entschluß Stifters in Zusammenhang stehen, Dichter zu werden. Sie sollen hier gleichfalls betrachtet werden.

Die Arbeitshypothese des Abschnitts lautet: Der Dichter unterstellt seinen Figuren Abwehrformen, sei es absichtlich, sei es, ohne sich dessen bewußt zu sein, die er selbst bevorzugte, um erträglich weiterleben zu können. Es kann sich auch um Abwehrformen handeln, die ihm aus lebensgeschichtlichen Gründen bei anderen Menschen beachtenswert erschienen waren. Im einzelnen wird angenommen, daß es vor allem destruktive Bedürfnisse sind, die in dieser Weise verarbeitet wurden. Über ihre Genese können wir nur Hypothesen bilden. Wir nehmen an, daß sie in dem für den Dichter frustrierenden Vaterverhältnis und, vielleicht mehr noch, in der überbehütenden Erziehung durch die Mutter ihre Ursachen haben (Vgl. 20). Bei seinem Bemühen um einen Sinnzusammenhang mußte es für ihn von zentraler Bedeutung sein zu erkennen und als Dichter mitzuteilen, wie sich diese Neigung beherrschen und kontrollieren läßt.

3.1 Angstabwehrende Manipulation der Außenwelt durch Abwehrverhalten

Unübersehbar in Stifters Werk ist seine Technik der „Leugnung", der Beseitigung der Außenwelt – Schlüsselreize, die aggressive oder sexuelle Bedürfnisse auszulösen geeignet sind[15]. Es gibt keine bösen, frustrierenden Ungerechtigkeiten, es sei denn in weiter zeitlicher Ferne, und kaum „erniedrigte Liebesobjekte". Auch in seinen Briefen der Linzer Zeit verfährt er so. Amalia wird unversehens zu einer liebenswürdigen, sogar hohen Frau, was eine Leugnung ihrer Verhaltensweisen voraussetzte (vgl. 6, S. 31). So wenig diese Briefe den schwelenden Ehezwist in seinem Hause spiegeln, so wenig gibt es offen ausgetragene Konflikte in Stifters dichterischer Welt, da ja dank konsequenter Leugnung keine Antagonisten vorkommen.

Auf eine gewisse „Berührungsfurcht" führte es Ernst Bertram zurück, daß der Dichter so gestaltete, „als sei ... die Welt leer wie in den mittelalterlichen Epen, und die wenigen Figuren bewegten sich im luftleeren Raum". Den Wert dieser Berührungsfurcht, ihre Funktion im psychischen Haushalt Stifters vermag er allerdings nicht recht anzugeben (vgl. 6, S. 64). Bertram beobachtet auch, daß der Mensch der höchsten Entwicklungsstufe bei Stifter derjenige der „unversuchten Leidenschaftslosigkeit", nicht etwa derjenige der selbstüberwindenden Leidenschaft ist, wie man bei einem Dichter der christlichen Kulturtradition annehmen sollte (6, S. 68). Die Deutung bietet sich an, daß sich Stifter nicht nur einen anderen Charakter wünschte, als er ihn bei sich selbst beobachten konnte, sondern auch eine andere Welt, als die, die ihn umgab und uns umgibt, nämlich eine Welt der Frommen ohne Versucher, ein Paradies.

Eine besondere Form der Leugnung in Stifters Werk können wir in der Wendung zur „unschuldigen Natur" erblicken, die als Symbol der

---

15 Bertram (6, S. 26) nennt es „Umbiegen", er erfaßt aber mit diesem Wort wesentlich mehr, als Leugnung meint. Er glaubt an Umbiegungen der Emotionen selbst. Solche Veränderungen sind jedoch psychisch so wenig möglich, wie etwa Umbiegung von Strahlen in der Physik ohne Brechung durch ein Medium.

Harmonie, „als Zuflucht vor den Widersprüchen und Wirrnissen des menschlichen Daseins" dient (7, S. 86)[16].

Leugnung können wir schließlich bei der Gestaltung von Liebesobjekten in Stifters Erzählungen, und zwar sogleich in den „Feldblumen" beginnend, wahrnehmen. Der Maler Albrecht der „Feldblumen" entsexualisiert als berichterstattender Briefschreiber sein erotisches Zielobjekt: vor ihr „verkriecht sich ... scheu ... jenes kranke, sentimentale und selbstsüchtige Ding, was wir Liebe zu nennen pflegen (was aber in der Tat nur Geschlechtsleidenschaft ist)". Hier liegt eine aufdeckende Analyse der empfindsamen Erotik im Gefolge der Aufklärung vor (vgl. etwa Gellerts Versepos „Die Witwe"), freilich nicht im Sinne einer ganzheitlichen Liebe, sondern zu Gunsten noch intensiverer „Leugnung", eines noch entschiedeneren Dualismus von platonischer und sinnlicher Liebe. Der Ich-Erzähler sucht so seine Schuldgefühle in eroticis zu begründen: „und das ist der Adel der rechten Liebe, daß sie vor tausend Millionen Augen offen wandelt und keines dieser Augen sie zu strafen wagt" (Feldblumen, Urf. S. 102). Dies ist freilich ein Wunsch, der ihn in eine nur noch empfindsamere „reine" Liebe und in einen circulus vitiosus immer heftigerer Leugnung der Realität hineinführen muß.

Einen Höhepunkt empfindsamer idealisierter Liebesdarstellung bildet Murais Verbindung mit Brigitta. Damit will wohl der Dichter die Liebe des Erotikers zu der häßlichen Frau wahrscheinlich machen. Später wird die Beziehung nur noch platonisch fortgeführt. So wird der Reiz der Frau stets geleugnet, ergibt er sich nun aus der Schönheit der Frau oder aus ihrer Häßlichkeit, droht er nun beim Mann Zuwendung oder Abwendung von einiger Heftigkeit auszulösen. Die „Phantasie vom Gegenteil" (13, S. 137) baut notfalls andere Merkmale, besonders solche der Reinheit auf, um die Beziehung weitgehend zu neutralisieren und der Leugnung Dauer zu verleihen.

---

16 Die Verarbeitungsform der Leugnung führt also zu einem Eskapismus (28, S. 7. Hier auch Literaturübersicht zu diesem Phänomen bei Stifter).„... in den Feldblumen zeigt sich so zum ersten Mal die Neigung Stifters, in Form einer ästhetisch-sittlichen Utopie die Abgründe menschlichen Wesens dichterisch zu verhüllen und der Schicksalstragik ihre Schärfe zu nehmen, wenn er am Schluß nach antikem Vorbild ein Tuskulum entstehen läßt, ein Reich der Vernunft auf Erden, aus dem jede Äußerung roher Leidenschaft Verbannung nach sich zieht" (38, S. 15).

Die Liebe zur Frau ist vom „Julius" an im Werk durchgängig mit sakralen Wörtern gekennzeichnet und wird mit sakralen Handlungen verglichen (vgl. 15, S. 32-45, 192-196). In diesem Sinne errichtet der Doktor in seinem Hause ein Andachtszimmer mit einem Standbild der heiligen Margarita (vgl. 19, S. 75). In der Urfassung ist die Szene noch nicht vorhanden; in der Studienmappe heißt es: „In dem Sommer habe ich auch, was mir schon früher einmal in den Sinn gekommen ist, das achteckige Eckzimmer meines Hauses wie zu einer Hauskapelle einzurichten begonnen. Ich bekam den Gedanken, daß das Bildnis der heiligen Margarita als Schutzherrin darinnen stehen müsse, dann werden jedes Sommers am dreizehnten Julius Abends zwei große Wachskerzen brennen. Über die Fenster sollte doppelte mattweiße Seide gespannt werden, daß in der Hauskirche so sanfte Dämmerung sei, wie in einer großen" (S. 602). In der Letzten Mappe lautet die Stelle: „Ehe die Hälfte des Sommers heran rückte, war Alles im Innern meines Hauses fertig. Die Bildsäule der heiligen Margarita war auch aus Prag gekommen. Ich bestimmte die obere Stube zu meinem Schlafgemache. Links neben ihr war ein Gemach, in dessen zwei Fenstern mitten ein farbiger Stern aus Glas eingesetzt worden war. Seine Lichter spielten lieblich in dem Gemache, wie oft Bilderfenster in alten Kirchen. In dieses Gemach wurde auf einem würdigen Unterbau die Bildsäule der heiligen Margarita gestellt. Über dem Haupte und an den Seiten waren Verzierungen, so daß das Ganze fast einem Altare glich. Als ich dieses Bild in meinem Hause hatte, fühlte ich mich gewissermaßen nicht mehr so einsam" (S. 298). Das Sakrale wird also wieder abgeschwächt. Von „Kapelle" ist nun nicht mehr die Rede.
„So daß das ganze einem Altare g l i c h", heißt es nur noch. Der sakrale Einschlag wird am Ende als ein ästhetisches Mittel gegen die Einsamkeit aufgedeckt.

Die Leugnungstendenz findet neben dem inhaltlichen und sprachlichen auch formalen Niederschlag, und zwar in der Kleinform der Erzählung, die durch die Begrenztheit der idyllischen Gegenstände gefordert wird, sofern sich der Autor nicht, wie in seinen Romanen, gewaltsam über diese Gesetzmäßigkeit bei der Wahl der Gattung hinwegsetzt, um einer von außen an ihn herangetragenen ihm ungemäßen ästhetischen Gattungsforderung zu entsprechen. Auch in der Feinstruktur erkennen wir diese Tendenz. So findet Eric Lunding, „daß die eigenartige Verflechtung aussparender und ausbreitender Diktion auf das Grundproblem dieser Erzählung und damit auf den ureigensten Kern von Stifters Wesen zurückgeführt werden muß" (25, S. 217). Ausgespart wird das eigentlich Wichtige, dies vorzugsweise dann, wenn es unangenehm, bedrohlich ist, ausgebreitet wird das in den Kausalnexus der Geschehnisse nicht einbezogene, das damit Gewicht erlangt[17].

Eine andere Feingestaltungstechnik läßt den Kompromiß zwischen werkimmanenter Realität und subjektivem Bedürfnis, sie möge anders sein, noch deutlicher erkennen: Der Dichter schildert Geschehnisse und Personen, spart auch nichts aus, läßt aber gleichwohl wie beiläufig, ziemlich versteckt sein fehlendes Einverständnis erkennen, ohne daß Fakten und Kommentar klar geschieden werden. Er nutzt hier künstlerisch den Rollenkonflikt von episch distanziertem Erzähler und ichbeteiligtem Kritiker. Das verleiht dem Text eine gewisse für Stifter charakteristische Spannung, eine innere Unruhe, die mit den rein idyllischen Partien kontrastiert. Im Prokop heißt es etwa beim Fortgang des Hochzeitszuges auf die Narrenburg vorausdeutend: „Prokopus, der ein f a s t hochzeitliches Kleid angetan hatte, nahm sie bei der Hand, und führte sie von allen Gästen gefolgt durch den langen Gang in die f i n s t e r e Schloßkirche, in der die s t e i n e r n e n Heiligenbilder f a s t   d r o h e n d herab sahen" (S. 504. Sperrungen vom Verf.). Die Epitheta sind geeignet, beim Leser Angsterwartungen für den Fortgang der Geschichte zu stiften. Weiter heißt es über den Hochzeitszug: „Eine nachdrückende Menschenmenge beschloß den Zug – ja auch seitwärts, wo sich l i e b l i c h e Weinreben um das Rot der Marmorgesteine schlangen, suchten sich viele durchzufristen, und z e r t r a t e n manches z a r t e s und n ü t z l i c h e s Reis" (ebd., S. 503).

---

17 Wenn Lunding allerdings fortfährt: „Unzureichendes Können liegt nicht vor", so stimmt das in sofern nicht, als Stifter aus einer Schwäche seiner Diktion, gemessen an der hochsprachlichen Norm, eine Stärke der Stilisierung im Sinne der Eigengesetzlichkeit seines Werkes gemacht hat. Könnte nicht Stifter vom Maler zum Dichter auch deshalb geworden sein, weil er hier neben besseren Ausdruckschancen seiner Empfindsamkeit eine direkte Kompensationsmöglichkeit auf eben dem Feld, auf dem sein Versagen stattfand, suchte? Hochsprachliche Mängel vermögen soziale Minderwertigkeitskomplexe in unserer Kultur mehr als irgend etwas sonst zu verstärken, und deren Behebung oder Legalisierung ist daher die wirksamste Erfolgstherapie.

Sperrungen vom Verf.). Es ist, als kritisiere ein aufgeklärter Bürger die höfischen Barockfeste. Stifters Stereotyp von der unschuldigen Natur und den schuldigen Menschen tritt hier in der Wendung des ideologischen Vorwurfs der Aufklärungsepoche auf, die Lebens- und Kunstformen des ancien regime seien nicht „natürlich". Dem „Mann des Maßes und der Freiheit" und seiner Zeit liegt die pathetische Selbstdarstellung des Barock nicht. Der Erzähler kritisiert sie ganz undistanziert und ohne den Versuch einer historischen Relativierung: „Diener, die vom Putze s t r o t z t e n , ..." – „Die Lichter welche man in ü b e r m ä ß i g e r Menge in dem Saale anzündete ..." (S. 503, Sperrungen vom Verf.). Die Wertung ist unübersehbar, tritt aber nirgends offen in selbstständigen Reflexionen des Erzählers hervor, an denen Stifter sonst nicht spart. Dadurch entsteht der Eindruck, er halte etwas ihm Wichtiges zurück: daß die Realität anders ist, als er sie darstellt, nämlich viel böser, inhumaner. Das Böse wird zwar nicht geleugnet, aber es wird doch auch nicht direkt dargestellt, vielmehr kommt es zu einem ästhetisch sehr wirksamen Kompromiß. Auf den ersten, oberflächlichen Blick erscheint die dargestellte Welt in Ordnung; selbst noch als die Fehlanpassungen der Ehepartner Prokop und Gertraud offenbar werden, soll nichts dramatisiert werden, obwohl Glück und Leben in Frage stehen.

Der Leugnung verwandt ist die Verhaltensform der „Verkehrung ins Gegenteil", die in der Vorrede der „Bunten Steine" eine Rolle spielt. Ihr eigentliches Thema ist die Aggressionshemmung, die als literaturwürdiger Gegenstand gerechtfertigt werden soll, wenn der Autor den Verzicht auf die Darstellung aller Gewaltanwendung fordert.

Die neuerdings vorgebrachte Kritik an diesem Programm (vgl. 31) geht insofern in die Irre, als Stifter zwar die Katastrophennatur entgegen seiner erklärten Absicht darstellt, ihr aber keine Chance gibt, die Kulturwelt und vor allem das Leben der Kinder zu zerstören; ein Kompromiß, der mehr für Stifters Wahrhaftigkeit spricht, als es Programmtreue zu seiner Vorrede in dem Sinne tun würde, daß es das „Furchtbare, Zugrunderichtende" gar nicht gebe.

Die positive Bestimmung des in der Vorrede postulierten „Sanften Gesetzes" ist es, „den Bestand des Einen und dadurch den Aller" zu „sichern" (S. 8), und dazu bedarf es angeblich nur einer Sanftheit, weil die Menschen alle Liebe haben, in Form von Gattenliebe, Elternliebe,

Kindesliebe, Geschwisterliebe, Freundesliebe, Geschlechtsliebe, Fürsorge und Altruismus, „und endlich in der Ordnung und Gestalt, womit ganze Gesellschaften und Staaten ihr Dasein umgeben, und zum Abschlusse bringen. Darum sieht der Menschenforscher, wohin er seinen Fuß setzt, überall nur dieses Gesetz allein, weil es das einzige Allgemeine das einzige Erhaltende und nie Endende ist" (S. 9). Stifters Formulierungen enthalten nicht die geringste Verheißung der geglückten Selbstverwirklichung, etwa nach dem Vorbild der Goethezeit, die angesichts so günstiger Voraussetzungen, wie sie das allgültige sanfte Gesetz schafft, doch eigentlich zu erwarten wäre.

Der „tigerhaften Anlage", die Stifter in der „Zuversicht" (1846), sechs Jahre vorher, gleichfalls allen Menschen zugeschrieben hatte, wird jetzt, – die Revolution ist inzwischen wirklich eingetreten – ein Damm entgegengestellt: „Wenn aber jemand jedes Ding unbedingt an sich reißt, was sein Wesen braucht, wenn er die Bedingungen des Daseins eines Anderen zerstört, so ergrimmt etwas Höheres in uns, wir helfen dem Schwachen und Unterdrückten, wir stellen den Stand wieder her ..." (S. 8). Damit ist auch die negative Bestimmung des Gesetzes, sein Normierungsziel, wenn auch zögernd, gegeben. Bei dieser Restitutio ad integrum „fühlen wir uns befriediget", und an diese psychologische Grundannahme knüpft nun Stifter seine Ästhetik an.

Max Stefl hat in dem Nachwort zu seiner Ausgabe der „Bunten Steine" die Revolution von 1848 als eigentlichen Widerpart dieser „Vorrede" erkannt; Hebbels Angriffe auf Stifter haben mehr als auslösendes Moment gewirkt. Den Kritikern Stifters, den zeitgenössischen und den heutigen, erscheint seine ästhetische programmatische Stellungnahme trivial. Gewiß erfaßt sein wertendes Konzept des menschlichen (besonders politischen und künstlerischen) Verhaltens als gut oder böse, liebevoll oder feindselig den komplexen Gegenstand nicht vollständig und die ästhetischen Schlußfolgerungen wirken, gemessen an dem ästhetischen Standard der Klassik und Romantik, als „Platitüden" (Stopp), aber einmal muß es zu falschen Werturteilen führen, des Dichters Auffassung an einer Vergleichsgröße zu messen, die nicht seiner eigenen Epoche entstammt, und zum anderen bezieht diese ästhetische Auffassung ihre Rechtfertigung aus Stifters eigenem Motivationssystem. Warum sollte er nicht ästhetische Gefühle aufrufen, daß sie im Bedarfsfalle gegen feindselige Tendenzen „ergrimmten"?

Von Stifters eigener psychischer Verfassung abgesehen ist diese Auffassung auch angesichts der anthropologischen Grundausstattung des Menschen, und besonders angesichts der politischen Erfahrungen des 20. Jahrhunderts nicht trivial. Der „Wendung ins Gegenteil" durch Umbiegen des Bedürfnisses, welches „die Bedingungen des Daseins eines Anderen zerstört", ins „auffällig Konstruktive" (31, S. 167), ins „Welterhaltende" hat man sich zu allen Zeiten bedient. Stifter verarbeitet zwar seine persönlichen Probleme, aber er bleibt dabei doch in einem von uns allen nachvollziehbaren Verhaltensbereich. Damit hat er das Hauptproblem jeder Ästhetik, das der Generalisierbarkeit von Erfahrungen und Verarbeitungen der Künstlerpersönlichkeiten, bewältigt.

Die Psychologie, die Stifter nun der Vorrede implizit zugrundelegt, läßt sich in vier Punkten zusammenfassen.

1. Aggressionen Einzelner gegen andere Menschen oder Gruppen von Menschen sind eine ständige Gefahr für den Bestand einer lebenswerten Ordnung. Die Vorrede ist insoweit im Kontext der Erzählung „Zuversicht" zu lesen.

2. Aggressionshemmung ist eine Voraussetzung für Zeugung und Aufzucht der menschlichen Individuen und für das Erhalten ihres Lebens und ihrer Kultur, insbesondere der staatlichen Ordnung (vergleiche hierzu den Katalog der Liebesformen).

3. Die Herrschaft der Liebe unter den Menschen kann notfalls erzwungen werden; wie sanft ihr Gesetz dann noch ist, steht dahin. Der gute Zweck rechtfertigt es aber, diese Etikette beizubehalten[18].

4. Die Wiederherstellung der Ordnung befriedigt das ästhetische Bedürfnis des Menschen. Die Kunst kann das nutzen und ihrerseits zur Erhaltung der Gesellschaft beitragen.

---

18 Viele Kritiker der Vorrede erkennen die die Ordnung erzwingenden „krassen" Schicksalseinbrüche in den Erzählungen nicht als Teil von Stifters „christlichem Naturalismus". Vergl. dazu: 15, S. 5 und 30, S. 127, zitiert ebd.

3.2 Angstabwehrende Manipulation und Umdeutung der Triebansprüche, Motive und Bedürfnisse

Die Verdrängung ist die erste und zunächstliegende der Notmaß-nahmen des Ich, bestimmte Probleme zu bewältigen, die dann die komplizierteren Verarbeitungsformen, die in Stifters Erzählungen untersucht werden sollen, nach sich ziehen. Der Widerstand, den Patienten in der therapeutischen Situation der Analyse entgegensetzen, ist derselbe, der eine „Vorstellung" verdrängt oder, wenn er sie zuläßt, verändert. Er ist es auch, der Tagträume und ebenso auch (dichterische) Niederschriften „verändert", so daß das autobiographische Substrat soweit unkenntlich wird, als es die Person belasten würde, etwa mit Schuldgefühlen, Scham o.ä. Sigmund Freud beobachtete in der psychotherapeutischen Situation: „Wenn ich mich bemühte, die Aufmerksamkeit auf sie (die mit der Zensur unverträglichen, aus dem Bewußtsein verdrängten Vorstellungen. Der Verf.) zu lenken, bekam ich dieselbe Kraft als Widerstand zu spüren, die sich bei der Genese des Symptoms als Abstoßung gezeigt hatte" (Ges.Werke I, 269, zitiert nach 39, S.18).

Stifter kannte den Selbstschutzmechanismus der Verdrängung. Im „Hochwald" feiert er die unschuldige Menschenseele eines jungen Mädchens, die „uns heiliger ist, als jede mit größter Kraft sich abgezwungene Besserung; ... die Kraft, die er anwendet, sein Böses zu besiegen, zeigt uns fast drohend, wie gerne er es beginge ..." (Urf. S.269). In diese Psychologie geht seine christliche Wertung ein, an anderen Stellen pflegt er die Gut-Böse-Polarität durch „Leiden-schaft" der Menschen und „Unschuld", vorzugsweise der Natur, allenfalls der Kinder zu kennzeichnen. In der Erzählung „Zuversicht" (1846) entwickelt Stifter in der häufig zitierten Einleitung eine Art Modellvorstellung seiner eigenen psychischen Dynamik: „Man ... sagte, daß dort, wo nicht schon eine tigerartige Anlage sei, die Zeit keinen Tiger hervorrufen könne.

'Ich gehe noch weiter', sagte er, 'wir Alle haben eine tigerartige Anlage, so wie wir eine himmlische haben, und wenn die tigerartige nicht geweckt wird, so meinen wir, sie sei gar nicht da, und es herrsche bloß die himmlische, darum beurteilen wir die Charaktere stürmender Zeiten so ganz unrecht, weil sie in einem kranken Zustande, z. B. des Fiebers, handelten, wir aber diese Voraussetzungen in uns nicht finden, und daher ihren Handlungen unseren gesunden Zustand unterschieben, und sie also nicht begreifen. Der größte Mann – ich meine den Tugendhaften darunter, widersteht nur dem geweckten Tiger und läßt ihn nicht reißen, während der Schwache unterliegt und rasend wird. Wir alle können nicht wissen, wie wir in den gegebenen Fällen handeln würden, weil wir nicht wissen, welche unbekannten Tiere durch die schreckliche Gewalt der Tatsachen in uns emporgerufen werden können; so wenig wir wissen was wir im Falle eines Nervenfiebers reden oder tun werden' . . . – 'Ich weiß nicht, wie es in diesen Dingen ist; aber ich denke allemal, wenn von ihnen geredet wird, daß ich meinem Gott danken müsse, der mich so nebenher mit meinen kleinen Stürmen und Leidenschaften fertig werden läßt, da ich nicht ergründen kann, welche fürchterliche in meinem Herzen schlafen geblieben sein mögen, die mich vielleicht unterjocht und zu Entsetzlichem getrieben hätten' " (S. 360 f).

Die wichtigste psychische Funktion, die Stifter hier am Werke sieht, ist die Verdrängung. Zu Beginn geht er von einer „tigerartigen Anlage" aus. Er glaubt also offenbar an angeborene Aggressionen, die Teil eines ererbten Verhaltensrepertoires sind. Die heutige experimentell gesicherte Auffassung, daß die Bereitschaft zu Aggressionen erst dann in manifestes aggressives Verhalten umschlägt, wenn die betreffende Person nachhaltigen Frustrationen ihrer Grundbedürfnisse ausgesetzt worden ist, lag ihm fern. Viele andere Dichter im 19. Jahrhundert haben unabhängig vom Stand der psychologischen Wissenschaft gerade auf diesem Gebiet intuitiv angeeignete bedeutendere Kenntnisse des menschlichen Verhaltens besessen als Stifter. Er konnte seine Psychologie nicht soweit verfeinern, weil er sich die Frustrationen, die den Aggressionen, auch seinen eigenen, zugrundelagen, nicht klar zu machen vermochte. Wohl bewußt dagegen ist ihm die Verdrängung der Aggression selbst: „. . . und wenn die tigerartige nicht geweckt wird, so meinen wir, sie sei gar nicht da, und es herrsche bloß die himmlische, . . . " – Was kann nun den Tiger wecken? Zunächst einmal Krankheitszustände, „z. B. des Fiebers", weiter unten noch einmal aufgenommen: „so wenig wir wissen, was wir im Falle eines Nervenfiebers reden oder tun werden". Zweimalige

Erwähnung der Krankheit als auslösendes Moment an dieser Stelle ist auffällig, denn die sonstigen auslösenden Momente, die Stifter meint, aber im Gegensatz zur Krankheit nicht konkret benennt, sind überpersönlich: Anarchie und Chaos der Herrschaftsverhältnisse, die er dann an einem Beispiel aus der französischen Revolution darstellt. Die Erwähnungen der Krankheit als auslösender Reiz der Aggression werden später für die Deutung der Autoaggression wichtig. Vom „Nervenfieber" abgesehen ist es nur die „schreckliche Gewalt der Tatsachen", die die unbekannten Tiere in uns hervorrufen können. Da der Dichter über die Entstehung der Aggressionen noch kein Konzept besaß, vermochte er auch die Auslösung der Aggression nur in dieser sehr weiten Generalisierung zu kennzeichnen. Die „schreckliche Gewalt der Tatsachen" ist aber nichts anderes, als das Auftreten einer gleichen oder ähnlichen Konfiguration von Wahrnehmungsreizen, wie sie bei der Stiftung der Aggression wirksam gewesen waren, und das „Wecken" der „unbekannten Tiere" die Reaktivierung des ursprünglichen Bedürfnisses, die Frustration abzuwehren, in der „Zuversicht": Die Frustration des Liebesbedürfnisses durch den Vater.

Da es Erscheinungen wie Marat und die Exzesse der französischen Revolution waren, die ihn fürchten ließen, mit seinen „kleinen Stürmen und Leidenschaften" nicht fertig zu werden, mußte Stifter folgerichtig zum Gegner der Revolution und insbesondere ihrer bürgerkriegsähnlichen Erscheinungen zwei Jahre später werden (vgl. dazu besonders: Der Kuß von Sentze, S. 657 f.).

Es gibt in Stifters Werk eine Reihe von Figuren, die verdrängen, ohne daß dies freilich immer so deutlich würde, wie an den bisher herangezogenen Stellen. Das ist z. B. der Fall bei der Darstellung von Kindern in der Latenzperiode; denn Stifter war mit seiner Zeit der Meinung, daß die Kinder unschuldig sind, was bei ihm im wesentlichen bedeutet, daß sie noch keine sexuellen Interessen haben und infolgedessen treu sind, und daß sie keine Aggressionen, keine Todeswünsche verspüren. Das erstere erspart ihnen die Furcht davor, verlassen und ohne Liebe zu sein, das zweite erspart ihnen Todesängste, die sie sonst angesichts der überlegenen Gegenaggressionen ihrer Feindobjekte haben müßten. Daß dieses Bild vom Kind nach unserem heutigen entwicklungspsychologischen Wissensstand unrichtig ist, spielt in unserem Zusammenhang ebensowenig eine Rolle, wie der

Umstand, daß schon bald nach 1850 die realistischen Zeitgenossen Stifters von diesem Klischee abkamen [19]. Stifter bleibt ausdrücklich bei seiner Auffassung: „Sie gingen mit der Unablässigkeit und Kraft, die Kinder und Tiere haben, weil sie nicht wissen, wie viel ihnen beschieden ist, und wann ihr Vorrat erschöpft ist", heißt es von den Kindern in „Bergkristall" (S. 196); und in „Kalkstein": „Als ich in die Höhe der Kalksteinhügel hinauf stieg, dachte ich an die Kinder. Wie groß doch die Unerfahrenheit und Unschuld ist. Sie gehen auf das Ansehen der Eltern dahin, wo sie den Tod haben können; denn die Gefahr ist bei den Überschwemmungen der Zirder sehr groß, und kann bei der Unwissenheit der Kinder unberechenbar groß werden. Aber sie kennen den Tod nicht. Wenn sie auch seinen Namen auf den Lippen führen, so kennen sie seine Wesenheit nicht und ihr emporstrebendes Leben hat keine Empfindung von Vernichtung. Wenn sie selbst in den Tod gerieten, würden sie es nicht wissen, und sie würden eher sterben, ehe sie es erführen" (S. 83 f). Ähnlich ist die Rolle der Kinder in allen anderen Geschichten der Sammlung „Bunte Steine" angelegt. Da alle Geschichten gut ausgehen in dem Sinne, daß die Kinder den Gefahren der Katastrophennatur entgehen, scheint ihr Vertrauen in die heile Welt, in der sie zu leben vermeinen, in diesen Erzählungen gerechtfertigt. Die Kinder sind vollkommene Repräsentanten der Lebensbewältigung durch Verdrängung auch insofern, als sie nichts von den Gefahren, denen sie durch die physikalische Natur ausgesetzt sind, wissen.

Eine ähnliche Rolle wie die Kinder spielen die Jünglinge, deren kindliche Urform „Julius" ist (19, S. 70). Ihm folgen stereotyp der Maler im „Condor", der Maler Albrecht in den „Feldblumen", Ronald im „Hochwald", Felix im „Haidedorf", Eustachius und Augustinus in der „Mappe", der Maler Peter Roderer in den „Nachkommenschaften", etwas profilierter Victor im „Hagestolz", Heinrich im „Nachsommer" und Witiko (19, S. 70). Natürlich sind sie alle, besonders der letzte, idealisierte Vorbildfiguren, aber dem Wunsch, das Publikum möge sie so auffassen, geht ursprünglich der Wunsch des Autors voraus, selbst so zu sein wie sie. Dieser Typus kennt kei-

---

19 Vgl. 21, S. 148. So schrieb Gottfried Keller den Kindern im „Fähnlein" sexuelle Interessen zu, was den Widerstand seiner Herausgeber hervorrief.

ne ungerechte Aggressivität und nur eine keimfreie Erotik. Vom „Waldgänger" und „Abdias" abgesehen ist Liebe bei Stifter stets rein, fromm, also empfindsam gedichtet. Die Sexualität und insbesondere der mit ihr verbundene Autonomieverlust gegenüber anziehenden Frauen, den Stifter selbst sehr wohl kannte, sind unterdrückt. – Da es zu gefährlichen Bindungen nicht kommt, ist die Reihe der idealtypischen Jungfrauen ebenso lang und ebenso unprofiliert wie die der jungen Männer. Die „Eva" der älteren Dichtung gibt es bei ihm nicht mehr; ein Schatten von ihr fällt nur noch auf Hanna im „Beschriebenen Tännling" und auf Cornelia nach ihrer Condor-Reise.

Eine weitere Gruppe erfolgreicher Verdränger sind die alten Barone im „Julius", im „Hochwald" und mit Einschränkung in der „Mappe". – „In jungen Jahren mögen Leidenschaften in dieser Brust gewaltet haben; aber ein energischer Geist hat sich durch sechzigjährige Übung seiner Kräfte über alle seine Tätigkeiten eine solche Herrschaft anzueignen gewußt, daß selbst seine nächsten Umgebungen in der Meinung standen, er sei ganz ohne alle Empfindung" (Julius, zitiert nach 9, S. 106). „Diese Schilderung liest sich wie ein Wunschbild des jungen Stifter, der sich nach Ruhe und Abgeklärtheit sehnt und der damit bereits eines seiner Lieblingsthemen, die Selbstbeherrschung, anschlägt ..." (9, S. 106). Es ist eine Korrektur des Selbstbildes durch Darstellung eines Ichausschnitts in den idealen Vorbildfiguren Kind, Jüngling, Jungfrau, alter Mann, die wir hier vor uns haben (vgl. 17, S. 91).

Eine Abwehrform, deren biographische Relevanz ausnahmsweise leicht erkennbar ist, ist der Altruismus. Ein Jahr nach dem Selbstmordimpuls und dem vorangegangenen (nicht manifesten) Mordimpuls sagt der Doktor: „So steht und gedeiht und prangt Alles, meine Kranken genesen, selbst Tom, der Holzknecht, ob ihm gleich ein Waldbaum seinen Körper fast wörtlich entzwei geschlagen hatte, geht wieder lustig und krückenfrei herum – in die fernsten Gegenden vermag ich zu wirken, ...; denn alle Kräfte haben zu tun, und das Herz sieht zu, und kann nicht anders, es muß ja vergnügt darüber sein!" (Mappe, Urf. S. 201 f). Von der heilenden Kraft der Natur und einer hinter ihr stehenden Macht abgesehen wird hier das Wirken eines Arztes beschrieben als Wohltat nicht nur für seine Patienten, sondern auch für ihn selbst. Vorausdeutend hatte es vor der Schlüssel-„Begebenheit" geheißen: „Ein Augenblick machte, daß ich ein besserer Doctor wurde und in der Liebe des Frauengeschlechtes einiges Einsehen bekam. Auch lernte ich das wilde Roß, mein Herz, etwas bändigen und leiten" (Urf. S. 175). Hier kommt also zu den bekannten Berufswahlmotiven Stifters für seinen Helden, der Chance der dämonischen Machtausübung, der Wilhelm - Meister - Tradition, ein weiteres hinzu: die eigenen aggressiven Bedürfnisse zu verarbeiten, die das Ergebnis seiner Eifersucht waren.

Bei Stifters eigener bürgerlicher Berufswahl dürften gleichfalls altruistische Motive nach Verwirklichung gedrängt haben. Seine Aktivität als Pädagoge, Schulmann und Kulturpolitiker sowie auch seine Bemühungen, mehreren jugendlichen Menschen ein Ersatzvater und väterlicher Freund zu sein, mögen im Zusammenhang mit den Beobachtungen von Gustav Gugitz (16, vgl. auch 40) diese Deutung nahelegen. (Zur Einschätzung des Problems, das Stifter zu verarbeiten hatte, vgl. 5, S. 52 f.)

Die Ehescheidung, die „Stifter im 'Waldgänger' schildert, war auch für ihn wohl zeitweise, im Verborgensten seines Herzens, eine ferne Möglichkeit, mit der er spielte, ein Gedanke, den er nicht Wirklichkeit, oder doch nur dichterische gewinnen ließ, und auch dies nur, um ihn sofort vor sich selbst zu bestrafen" (27, S. 343). Hier wird die psychische Funktion der „Wendung gegen sich selbst" erkannt, die bei Stifter zu der Steigerung führte: je stärker die Aggressionen, die abgefangen werden müssen, desto stärker die Autoaggressionen, die daraus werden. Am Ende der „Blutrausch"-Szene im „Abdias", als sich seine ganze Feindseligkeit entlädt, heißt es: „... — und doch war dies derselbe Mann, der später einmal eines Tieres willen beinahe Selbstmord begangen hätte, und der jetzt, ... den blutigen Säbel ekel wegwarf" (Urf. S. 17). Das adversative „und doch" läßt den Leser eine Liebeshandlung, etwa eine altruistische, erwarten; stattdessen folgt eine nicht weniger aggressive, nur jetzt nicht gegen die bösen Türken, sondern gegen das lieblose Selbst gerichtete.

Zweieinhalb Jahre vor seinem Tode beschrieb Stifter Gustav Heckenast gegenüber seine Seelenzustände phänomenologisch gut erkennbar als Angst und schloß: „Ich habe zu manchen Zeiten zu Gott das heißeste Gebet getan, er möge mich nicht wahnsinnig werden lassen, oder daß ich mir in Verwirrung das Leben nehme (wie es öfter geschieht)" (3, S.549). Krankheit, besonders eine mit dem damaligen medizinischen Modeterminus „Nervenfieber" umschriebene psychische Krankheit, war auch in der Jahrzehnte früher entstandenen „Zuversicht" als möglicher Anlaß von unkontrollierten destruktiven Affekten aufgeführt worden. Der Entlastungswert der Krankheit für eine solche Tat ist durchsichtig; nur war es nicht recht plausibel, warum gerade ein doch auch körperlich geschwächter Kranker leichter zum Mörder werden sollte, als ein gesunder. Der Grund kann darin liegen, daß die Widerstandskräfte, die die eigenen Affekte niederhalten, nach Meinung (und vielleicht Erfahrung) Stifters durch Krankheiten aufgezehrt werden können. Für diesen Fall hat die Selbstkontrolle des Ich vorgesorgt: Der Kranke legt an sich selbst Hand an.

Eine andere Form der Triebverschiebung, von der orthodoxe Psychoanalytiker annehmen, sie sei überhaupt Voraussetzung kultureller, insbesondere künstlerischer Leistungen, die Sublimierung, hat Stifter als psychischen Mechanismus explizit gekannt. Am Anfang der „Feldblumen" ist die Vermischung der erotischen und ästhetischen Motive noch nicht zu Gunsten der ästhetischen aufgehoben; der Konflikt wird selbstironisch komisch umspielt: „... – die allerschönsten Damen starre ich fast grob an, ja ich verfolge sie, um das Gesicht zu sehen, was mir sehr verargt werden kann; aber es ist nicht abzustellen, weil ich so zu sagen ein Schönheitsgeizhals bin" (Urf. S. 25). Die ästhetischen Bedürfnisse drängen nach Verwirklichung in künstlerischer Darstellung: „... wenn ich mir unter gewissen Hüten steif und fest das Gesicht eines klaren Engels einbilde, und von seiner Seite weg schneller zu gehen anfange, um sie zu sehen, und wieder einen Himmelszug zur Staffelei zu bringen – ..." (Urf. S. 27).

Bei der Konzeption der „Mappe" ist der Konflikt bereits zugunsten der ästhetischen Motive entschieden, die spielerische Stilisierung ins Unernste in der Art Jean Pauls daher nicht mehr nötig. Sie hatte zunächst den schwelenden Konflikt des Autors überspielen helfen. Jetzt erst wird es Stifter möglich, seinen endgültigen Individualstil zu erreichen. In der Fassung der „Letzten Mappe" erst wird es aber klar gesagt: „Sei gegrüßt mein Buch ... Weil es seit einem Monat gewiß ist, daß ich mir kein Weib antrauen werde, und daß ich keine Kinder haben werde, so sei Du mein Weib und mein Kind ... " (S. 28). Die ganze Härte des eigenen Verzichts hat Stifter seinen Lesern freilich erspart. Der fiktive Autor wird ihnen ja als Stammvater einer Familie vorgestellt.

Der Karpfarrer im „Kalkstein" ist nach einem durch Dritte entmutigten Versuch ohne erotische und überhaupt ohne soziale Kontakte geblieben. Die dabei offenbar werdende Triebverkrüppelung in der Richtung eines Wäschefeteschismus, die Lernstörung, deren Ursache in frühzeitiger Entmutigung durch den überlegenen Bruder und den Vater kaum angedeutet wird, überwindet er durch Lernerfolge, als der Vater in seinem Leben keine Rolle mehr spielt, durch Selbstbestrafung in Form mönchischer Lebensweise (Zölibat, Armut) und durch die Religion; diese wirkt wohl mehr dadurch, daß ihm die Kirche eine angemessene Berufsrolle bietet, als durch ihre sakramentalen Tröstungen. Der Schlußstein in diesem kunstvollen Bau ist aber seine informelle Beschützerrolle gegenüber den Kindern. Der Landmesser bildet eine Hypothese zur Interpretation dieser Lebensgeschichte: „... ich fragte nämlich, ob keines der Kinder, die er über den Steg gehen gesehen habe, der einstigen Susanna ähnlich gesehen habe. 'Nein, lieber Herr', antwortete er, 'ich weiß jetzt gar nicht einmal mehr, wie Susanna ausgesehen habe'. Ich schämte mich gleich nach dieser Antwort meiner Frage" (Urf. S. 261). Daß der Pfarrer vergessen hat, spricht nicht gegen, sondern für des Landmessers Vermutung, ebenso wie dessen Scham. Stifter läßt die Frage offen. Deutlich wird durch die Antwort des Pfarrers nur, daß sein Zuwendungsbedürfnis jetzt allen Kindern gilt, und darauf kommt es dem Autor an.

Eine leichter durchschaubare Verarbeitungsform, die Kompensation, ist in naiver Weise, also ohne Einschränkung durch den Autor, — und eben darum — nur in Stifters Jugendwerk anzutreffen. So wird im „Condor" das Mädchen zum Schluß erniedrigt (zum „erniedrigten Liebesobjekt", wie es sonst in Stifters Werk kaum mehr vorkommt) und der Mann erhöht.

Enzinger deutete bereits die geheime adlige Abkunft des Julius und den ehrenden Besuch des Königs bei dem verkannten Dichter in der Urfassung des „Haidedorf" als Versuch zur Behebung von Minderwertigkeitsgefühlen 'in der Phantasie" (9, S. 106). Wir wissen aus der Beziehung Stifters zu Franz Stelzhamer, die erschlossen ist (vgl. 8), daß Stifter die Problematik des Schriftsteller-Ruhms bald kennengelernt hat. Er hatte auf Grund seiner Anfangserfolge als Dichter seine Minderwertigkeitsgefühle in seiner Rolle als gesellschaftlicher Aussenseiter kompensieren können. Das Erleben der Deklassierung und der Entwurzelung, der proletarischen Existenz in der Großstadt mit schwindenden Bindungen an religiöse und sonstige traditionelle Werte vermochte er gegenüber der Öffentlichkeit in seiner Dichtung dadurch zu kompensieren, daß in ihr eine immobile Ständegesellschaft mit intakten Normen vorherrscht[20]. Seine neuen Erfahrungen als prominenter Intellektueller schlagen sich im „Abdias" nieder: Seine Nachbarn „meinten, er brüste sich mit seinem Verstande", und werden ihm umso feindlicher gesonnen, je mehr er sich ihrer annimmt (Abdias, Urf. S.15). Abdias rafft Reichtümer zusammen und freut sich der Anerkennung, die ihm zu Hause von den Nachbarn und seiner Frau versagt wurde, obwohl er sie als „Afterschein" erkannte — wir können vielleicht sagen, als Effekt der Überkompensation, die die wirklichen, nachteiligen Verhältnisse doch nicht ändert.

Gegen Ende seines Lebens schließlich ironisiert Stifter das Kompensationsverhalten von Künstlern: Der Maler Roderer der „Nachkommenschaften" (1864) ist der würdige Sproß eines Geschlechts von „Narren", die alle durch direktes Kompensieren (d. h. auf dem Gebiet ihres Versagens selbst) ihre Probleme zu lösen suchten (S. 565). Sie streben alle nach dem Großen, dem Absoluten. Stifter hat hier die motivierende Wirkung des überhöhten Anspruchsniveaus für die künstlerische Produktion und seine zugleich hemmende Wirkung durch überstrenge Selbstkritik aus eigener leidvoller Erfahrung komisch gestaltet und zugleich von sich distanziert.

20 Die sozialkritische literaturwissenschaftliche Forschung versucht hier anzusetzen. Sie erkennt die Ursache von Stifters großer Wirkung in den diesen Intentionen entsprechenden Selbstrechtfertigungsbedürfnissen der Bourgeoisie, auf die Stifter zunehmend eingegangen ist. (Vgl. Horst Glaser, Die Restauration des Schönen. Stifters „Nachsommer". Stuttgart 1965) Die Frage der Wirkung und Rückwirkung gehört nicht in den engeren Problemkreis unserer Untersuchung, für die die individualpsychologische Genese im Vordergrund steht. Daß die (bei Stifter sicherlich gestörte) Sozialisation zu Reaktionen auf die herrschenden Gesellschaftsverhältnisse führt, die man im Werk erkennen kann, ist nur selbstverständlich. Wir halten die Protestreaktion nicht für die einzige eines Künstlers würdige Form des Verhältnisses zur Gesellschaft. Auch der Idylle liegt ja eine Utopie zu Grunde, die das Angebot des Fortschritts in sich schließt.

Im Alter reichte ihm sein Dichten nicht mehr aus, um ihm seine Ausgeglichenheit zu bewahren. Das mag daran gelegen haben, daß Stifter versuchte, dem programmatischen Realismus gerecht zu werden. Ohne Idyllik aber bedeutete ihm die eigene Dichtung nichts. Diese schlug deshalb immer wieder durch, etwa im „Nachsommer" oder im „Waldbrunnen". Stifter selbst rief sich dann zur Ordnung: „Witiko" solle, so schrieb er an Heckenast, „die Gegner nicht herausfordern", er gebe den „Gegnern darin Recht, daß nicht immer so idyllische Sachen kommen sollen" (3, S. 242). So ist es vielleicht zu erklären, daß andere Verarbeitungsformen, die eher der deskriptiven Wissenschaft nahe sind, im Alter an Bedeutung gewinnen, was sich stilistisch und inhaltlich im Werk niederschlägt. Benno v. Wiese beobachtete Ansätze dazu schon in der „Brigitta": „Hier wird der Umgang mit den Dingen als ein freiwilliger Verzicht aufgefaßt, ja als eine Art Sühne" (36, S. 201). Die „Dinge", mit denen Murai umgeht, sind die Dinge der Natur. Er kultiviert sie als Landwirt und macht aus der Pußta einen Paradiesgarten. Im zwischenmenschlichen Bereich beobachtete von Wiese gleichfalls eine Konstellation, die in Stifters Werk später immer wichtiger wurde. Beim Kennenlernen Murais und Brigittas wußte er noch nicht, ob er sie „unendlich lieben oder unendlich hassen" müsse (36, S. 205). Bei den Vorgängen, die zur Scheidung führen, haßt er sie dann wirklich. Der „Umgang mit den Dingen", den Brigitta und Murai jeweils auf ihren Gütern treiben, und die Katastrophe, die ihrem Sohne gedroht hat, lassen die Entscheidung zu Gunsten der Liebe endgültig reifen. In der späten Erzählung „Kuß von Sentze" begegnen wir dem Sonderling Walchon, der sich auf das Sammeln von Moosen spezialisiert hat, auch dies ein „Umgang mit den Dingen" der Natur. Nun gewinnt auch die andere Naturwissenschaft, die Biologie, im 19. Jahrhundert wie in Stifters Gesichtskreis Bedeutung. Der Erzähler wird von der Sammelleidenschaft seines Vetters angesteckt: „Und nun blickte ich öfter in die Bücher und suchte mich zu unterrichten, daß ich einsichtiger verfahre, wenn ich ihm wieder Moose brächte. Es entstand endlich in mir sogar ein Anteil an der Sache. Ich sah in den Einlagen eine solche Zahl von Moosen, die ich nicht für möglich gehalten hätte; ich sah Verwandtschaften, Verbindungen und Übergänge. In den gepreßten Blättern sah ich die Verschwendung der Gestalten und erstaunte über die Schärfe und Eigentümlichkeit. In den Büchern fand ich die Bestrebungen, und neigte mich bald zu dieser, bald zu jener Ansicht. Ich hatte oft mehrere Bücher oder Fächer, oder Mappen meines Vetters in meinem Zimmer. Ich fand nun auch wirklich manches seltene Stämmchen, das der Vetter für seine Sammlungen brauchen konnte, ja ich fand einmal eine Art, die er noch gar nicht hatte" (S. 668 f). Der objektivistische Naturwissenschaftler Stifter hat sich einen neuen Bereich erschlossen, der seinen Figuren und ihm selbst eine Verarbeitung, vielleicht „eine Art Sühne" ermöglicht. „Nur die Naturdinge sind ganz wahr. Um was man sie vernünftig fragt, das beantworten sie vernünftig" sagt Walchon zur Begründung seines Tuns (S. 669). Was hier sehr indirekt verarbeitet werden soll, wird in der anderen späten Erzählung, „Der Fromme Spruch", direkt bewältigt: der Ambivalenzkonflikt von Haß und Liebe zwischen Sippenangehörigen. Die Beziehung der beiden jungen Leute, die verheiratet werden sollen, ist eine Geschichte des Hasses von Anfang an. Da die Kinder gemeinsam aufwachsen und entfernt verwandt sind, versuchen sie durch aggressive Verkehrung ihre inzestuös gefärbte Sympathie zueinander zu verdekken. Wie im „Kuß von Sentze" gelingt schließlich der Umschlag von Haß zu Liebe und zu einer dauerhaften Verbindung zwischen den beiden Erwachsenen. Dabei spielt ein hilfreiches Instrument eine wichtige Rolle: die Zeremonie. Sie gibt der ersten Geschichte sogar ihren Namen, denn der Kuß von Sentze ist ein Familienritual zur Niederhaltung intrafamiliärer Aggressionen. Der „fromme Spruch" dient einem ähnlichen Zweck: er soll dafür sorgen, daß trotz der gegenseitigen Abneigung der spärlichen letzten Nachkommenschaft die uralte Familie der Palsentze nicht ausstirbt und ihr Besitz erhalten bleibt.

Die Zeremonie des brüderlichen Friedenskusses im „Kuß von Sentze" und das durchgängig beachtete Zeremoniell in Handeln und Sprache der Personen im „Frommen Spruch" erinnern uns an bestimmte Tabugebräuche primitiver Kulturen ebenso, wie an Zeremonien in unserer Kultur auch außerhalb des familiären Bereichs, und das Sammeln Walchons im „Kuß von Sentze" schließlich gemahnt an gewisse zwangsneurotische Verhaltensweisen. „Die Dinge wollen ihre eigene Weise. Wenn es dir gefällt, meine Anstalten zu betrachten, so tue es. Hier sind die Fächer, in denen die Moose nach ihrer Ordnung eingelegt sind, und hier ist das Buch, nach dessen Weisung die Einlage gemacht worden ist. Andere Bücher schlagen andere Weisen vor. Du kannst in sie hineinsehen und dann urteilen, was Du für zweckmäßiger hälst. Fast besser noch als die Einlage ist das Pressen. Wir pressen die Moose auf Papier ab und sie geben ihre Gestaltungen erstaunlich schön, wenn gleich die Farbe nicht, die aber auch in den Einlagen absteht. In den Mappen hier findest du die Abdrücke" (S. 668). Gewiß handelt es sich hier um Verhaltensweisen, die die ganze Biedermeierkultur charakterisieren, sie galten damals als kulturelle „Werte". Das ändert aber nichts daran, daß sie eine bestimmte psychische Funktion in jedem Einzelfall, wo sie von Menschen oder von literarischen Figuren ausgeführt wurden, zu erfüllen hatten.

Zum besseren Verständnis des Geschehens in den beiden späten Erzählungen greifen wir auf die Interpretation von „Totem und Tabu" von Sigmund Freud zurück. Freud geht davon aus, daß die Tabugebräuche ursprünglich auf Inzestscheu beruhen (14, S. 1 ff). Wir können diese Grundannahme in beiden Erzählungen bestätigt finden. Eine weitere These von Freud ist, daß dem Tabu eine „Ambivalenz der Gefühlsregungen" zugrunde liegt (14, S. 25 ff). Ähnlich schildert Stifter: „Ob nun der Himmel die Ehe zwischen Dietwin und Gerlint schließen wird, weiß ich nicht. Ich habe einige Furcht darüber. Du weißt, wie beide Gemüter heftig sind, und heftige Gemüter sträuben sich gegeneinander, weil keines das andere sänftigt und zu sich zieht. Haben sie nicht schon damals, da er ein Knabe und sie ein Kind war, immer gezankt? Sie schrie und tobte mit den Füßlein gegen seinen Willen, und er zerstörte ihre Spielsachen und höhnte sie, wenn sie sich nicht fügte. Da er größer wurde, und sie durch einen Bach trug, setzte er sie plötzlich in das Wasser nieder, weil sie ungebärdig war. Die Kinder der Nachbarn und des Dorfes, die sich gerne zu ihnen gesellten, mußten sich ihm unterwerfen, Gerlint tat es nie, und sammelte selber solche um sich, die sich ihr unterwarfen, und wenn zwischen den zwei Scharen im Spiele ein Kampf war, artete er stets in Ernst aus. Du erinnerst dich des Schreckens, da er das Mädchen einmal bei dem Nacken faßte, es zu Boden warf, und mit dem Haupte solange in das Gras hielt, bis es sich nicht mehr regte, und wie er es dann los ließ, und wie sie aufsprang, und ein Messer von unserem Gartentisch nahm, und nach ihm stach, und wie er die Wunde von uns nicht untersuchen ließ, den Hemdärmel zurückstreifte, und den Arm, von dem

Blut herunter rann, wie im Kriegsruhme empor hielt. Sie war blaß geworden, er aber ging schweigend davon. Und als einmal im Sommer Gerlint und die Mädchen eine seidene Schnur über die Brücke zogen, und keinen der jungen Männer hinüber ließen, wenn er sich nicht durch eine Blume oder ein anderes sinniges Zeichen löste, warf er sich in den Kleidern in das Wasser, und schwamm neben der Brücke hinüber" (Der fromme Spruch, S. 691). Vier Seiten läßt Stifter sich Zeit, bis er ganz beiläufig die Darstellung des kindlichen Verhaltens vervollständigt: „Die Zeit bringt neue Dinge, und so könnte wohl auch Neigung aus Abneigung hervorgehen, die übrigens bei Dietwin und Gerlint nicht so arg gewesen sind; denn du erinnert doch, daß, wenn irgend jemand einem von ihnen gegen das andere helfen wollte, sie es nicht litten" (2, S. 695).

„Ein Teil der Verbote ist nach seiner Absicht ohne weiters verständlich", schreibt Freud zu den Tabuverboten, und zu diesem Teil werden wir das Aggressionsverbot im „Kuß von Sentze" zählen. Freud fährt fort: „ein anderer Teil dagegen erscheint uns unbegreiflich, läppisch, sinnlos. Wir bezeichnen solche Gebote als zeremoniell und finden, daß die Tabugebräuche dieselbe Verschiedenheit erkennen lassen" (14, S. 35). Der älteren Dietwin und Gerlint jährliches Treffen scheint in diesen „anderen Teil" zu gehören.

Freud hat versucht, von den kulturellen Werten der primitiven Kulturen zu den Zwangsneurosen eine Brücke zu schlagen. „Die primären Zwangshandlungen dieser Neurotiker sind eigentlich durchaus magischer Natur. Sie sind, wenn nicht Zauber, so doch Gegenzauber, zur Abwehr der Unheilserwartungen bestimmt, mit denen die Neurose zu beginnen pflegt. So oft ich das Geheimnis zu durchdringen vermochte, zeigte es sich, daß diese Unheilserwartungen den Tod zum Inhalt hatten" (14, S. 99). Wir denken dabei an Dietwin, „da er das Mädchen einmal bei dem Nacken faßte, es zu Boden warf, und mit dem Haupte solange in das Gras hielt, bis es sich nicht mehr regte" und an Gerlints halben Mordversuch mit dem Messer.

Die vergleichende Verhaltensforschung hat Beobachtungen an höheren Tieren gemacht, die die Deutungen Freuds wahrscheinlicher haben werden lassen. Julian Huxley hat als erster eine „Ritualisation" (beim Haubentaucher) beschrieben. Mit zahlreichen weiteren Beobachtungen hat Konrad Lorenz es unternommen, „die erstaunlichen

Analogien zwischen dem phylogenetisch und dem kulturhistorisch entstandenen Ritus herauszuarbeiten und zu zeigen, wie sie in der Gleichheit der Funktion ihre Erklärung finden" (24, S. 94). Die auffallendste Gemeinsamkeit des tierischen und menschlichen Rituals ist „jene ausgesprochen theatralische Wirkung", die die Naturforscher auf die Spur der Analogie brachte (24, S. 122). Gerade diese begegnet uns auch in Stifters späten Erzählungen, mehr als irgendwo sonst in seinem Werk. Beide Erzählungen waren zunächst als Lustspiele konzipiert (vgl. 10, S. 386 f).

Die Beobachtungen der Verhaltensforscher führten zu ähnlichen Interpretationshypothesen, wie sie Freud auf Grund seiner psychoanalytischen Erfahrung vortrug: „In beiden Fällen schließlich hat die Ritenbildung autonome Antriebe des Handelns geschaffen, die kraftvoll in das vielfältige Wirkungsgefüge der Instinkte von Mensch und Tier einzugreifen vermögen. Meist hat dieses Eingreifen die Aufgabe, die Aggression im Zaume zu halten und ihren schädlichen Auswirkungen zu steuern" (24, S. 122). Lorenz empfiehlt, die Riten als kulturelle Werte ernst zu nehmen, auch nachdem sie in ihrer geschichtlichen Relativität erkannt worden sind. Wir können hier eine bemerkenswerte Übereinstimmung in der Auffassung des modernen Naturforschers mit derjenigen unseres Dichters feststellen, der seine Figuren ihre seltsamen Gebräuche ernsthaft und dabei doch mit wissender Selbstironie handhaben läßt, wie er selbst sein „poetisches Spielwerk" trieb.

3.3 Verarbeitung durch Einsicht

Abschließend folgt ein Blick auf die in Stifters Leben wichtigste Verarbeitungstechnik, die ihm auch im Werk am meisten am Herzen gelegen hat. Er gestaltete sie nicht weniger als viermal und erfand noch einige Abwandlungen. Es ist der Versuch einer Selbstanalyse mit Hilfe des Instruments der sprachlichen Formung, der Dichtung.

Zunächst sollen die Variationen betrachtet werden. In der „Narrenburg" sind die Burgherren durch Satzung verpflichtet, einen schriftlichen Rechenschaftsbericht über ihr Leben zu verfassen und alle Berichte ihrer Vorgänger zu lesen. Von dieser Regelung soll ein Lerneffekt ausgehen, der aber ausbleibt, weil die Autoren (dies auch dank der Burgmauer und ihrem aristokratischen Status) keine Rückantworten über die Wirkung ihrer eigenen Taten erhalten, so daß es zu einem geschlossenen Regelkreis nicht kommen kann. Gelesen werden die Berichte erst, wenn ihre Verfasser tot sind, und die sie lesen, vermögen aus der Geschichte keine Lehre mehr zu ziehen, weil sich ihnen die Aufgaben anders stellen und sie andere persönliche Voraussetzungen mitbringen. Ihre Lektüre kann nicht dazu beitragen, daß sie sich besser anpassen. So bleibt es bei einer Generationenfolge von „Narren". Individuelles Lernen am Erfolg bleibt auf engen Raum beschränkt. Ausdrücklich wird eingeräumt, daß die sinnvolle Gestaltung historisch kurzer Zeiteinheiten möglich ist; nur die überpersönliche Gestalt der Geschichte in langen Zeiträumen erscheint als völlig sinnlos, ja wahnsinnig. „-- in allem diesen zeigte sich wieder die bewunderswerteste Zweckmäßigkeit, wie überhaupt in Teilen die untadeligste Klarheit war, nur nicht im Ganzen, in der Gegenständlichkeit der Dinge: über diese schwebte und webte der geheimnisvolle Fittich des Irrsinns" (Narrenburg, Urf. S. 123). Diese pessimistische Geschichtsphilosophie räumt der Historiographie und angesichts der persönlichen Gestalt der Niederschriften im Rothenstein auch der Dichtung keine großen Wirkungsmöglichkeiten ein. „Wenn ein später Nachkömmling dieses Geschlechtes einmal diese Buchstaben liest, und wenn er unsere Sprache noch versteht: was wird ihm von mir übrig sein? - Ein geschriebenes Schattenwesen mit zwei drei trockenen Taten, die ihm unnütz sind, und doch war's ein Ozean von Leben, in dem dies Schattenwesen schwamm"; (Urf. S. 142. In der Studienfassung gestrichen). Historiographie und Dichtung sind für Stifter noch eng verwandt. Im Rahmen des „Julius", also am Anfang seiner Schriftstellertätigkeit, nennt er Johannes von Müllers „Geschichte schweizerischer Eidgenossenschaft" als sein Stilvorbild (vgl. 19, S. 87).

Jodoks Niederschriften im Rothenstein sind Vorläufer existentieller Philosophie, wie sie nicht viel später dann formuliert wird. Sie müssen wie jene die Funktion der Tradition und der Geschichtsschreibung für eine lebende Kultur verkennen. Jodok kann seinen Ahnen, deren Geschichte er lesen muß, „keinen Dank haben, . . . Jeder Mensch ist ein neuer, und was er fühlt und tut ist ihm zum erstenmale auf der Welt" (Urf. S. 142). — „Was Bilder, was Monumente, was Geschichte, was Kleid und Wohnung und jede unmittelbare Spur des Dahingegangenen — wenn das Einzigste und Allste, sein Herz dahin ist!!" (Urf. S. 143) — „um jene Zeit fiel dieses Schloß an mich, und ich mußte die Rollen lesen, aber sie machten mich nicht weiser, nur noch verwirrter"; (Urf. S. 145). Die Schlußfolgerung aber ist nicht, wie sonst immer, der idyllische Rückzug. Heinrich nimmt die Aufgaben an, die sich aus der Vergangenheit ergeben. Es wird freilich nur lakonisch mitgeteilt, daß er sie am Ende bewältigt. Das alles kann er nur deshalb, weil er in der Fichtau-Idylle sein Liebesglück findet; der plötzliche optimistische Umschlag vermag freilich die schwer auf Figuren und Leser lastenden Gewichte der Tradition nicht recht aufzuheben. Die jederzeitige Wiederholung des „Irrsinns" erscheint möglich, weil der „Dämon der Taten" in jeder Generation auftauchen kann. Er wird als etwas allgemein Menschliches resigniert hingenommen. Die künstlerische Bedeutung der Niederschriften wird nur am Rande erkennbar; ebenso hat ja Stifter jederzeit in seinen Briefen die Gesellschaftsunmittelbarkeit seiner Kunst hervorgehoben, der gegenüber ihr ästhetischer Anspruch wenig gelte [21].

Konsequenter in der Organisation und zentral im Werk ist die Selbstanalyse in der „Mappe" gestaltet. In der Rahmenhandlung der „Studien-Mappe" findet der Erzähler, der bis zu dieser Stelle schon zweimal davon berichtet hat, daß sein Vater nicht mehr lebt, das rote Pergamentbuch wieder: „Tiefer Staub und Spinnenweben umhüllten es — der V a t e r, den ich noch so deutlich vor mir sitzen sehe, als wäre es gestern gewesen, m o d e r t nun schon ein Vierteljahrhundert in der Erde — . . . Aber auch etwas anderes kam zum Vorschein: ich fand nämlich viele zerstreute Blätter und Hefte in dem Buche liegen, die sämtlich die Handschrift meines v e r s t o r b e n e n Vaters trugen. Ich

---

21 Die Bedeutung der Formung für die Heilwirkung, die die Dichtung ausübt, wird etwas deutlicher erkennbar in Heinrich Drendorfs Bemühen im Nachsommer, „der durch Briefeschreiben sich heilt". Kurt G. Fischer erinnert dieses Verfahren an Stifters eigenes hektisches „Überarbeiten" seiner Werke. Sein Dichten habe auf ihn zurückgewirkt, wie in der Kindertherapie die Gestaltung, die man die Kinder vornehmen läßt (11, S. 43).

sah sie näher an und dachte mir: also darum war nichts von ihm in der Truhe zu finden gewesen, weil er alles hiehergelegt hatte und weil alles v e r g e s s e n worden war". Bevor der Erzähler die Mappe selbst liest, sieht er sich die Papiere des Vaters an: „Ich las in Vielem und es däuchte mir, das Herz, dem ich zwanzig Jahre nachgejagt hatte, sei gefunden: es ist das meines Vaters, der vor Langem g e - s t o r b e n war" (S. 432 f. Sperrungen durch Verf.). Jetzt sieht der Erzähler den Vater „noch so deutlich vor mir ... als wäre es gestern gewesen". Vor dem Fund der Mappe war er seinem Herzen vergeblich „zwanzig Jahre nachgejagt". Er nimmt sich deshalb vor, die Papiere „in mein Denkbuch zu legen, und sie mir da auf ewig aufzubewahren" (S. 433). Einerseits wird auf engem Raum fünfmal daran erinnert, daß der Vater tot ist, andererseits ist das Erinnerungsbild lebendiger als je. Die Selbstanalyse des Urgroßvaters, in der alten Mappe niedergelegt, fördert zu allererst das lebendige und dokumentierte Bild des Vaters zutage. Daß dieser Effekt nicht von der Mappe selbst ausgeht, sondern lediglich von des Vaters Papieren, die „zufällig" mit in der Truhe liegen, läßt sich wohl am ehesten als eine Verschiebung, eine Entstellung durch die Selbstzensur erklären. Eigentlich ist es eine Mappe des Vaters, die Stifter gedichtet hat. Die „Jagd" nach dem Vater wird beendet durch die erneut aufgenommene Kommunikation mit ihm, denn der Ich-Erzähler führt ja beim Lesen einen Dialog mit dem Vater. Diese Wiederherstellung (vielleicht auch erstmalige Herstellung) der Kommunikation geschieht freilich in Wahrheit, d. h. außerhalb des fiktiven Geschehens, in der Form einer Aussprache mit einem Ersatz-Gegenüber: dem Lesepublikum. Es ist vielleicht geeigneter, als es der leibliche Vater war, die Kommunikation weiterzuführen; denn es ist anonym, dem Autor, wie ihm sein Erfolg bestätigt, zugetan und weit davon entfernt, seine Geltung infrage zu stellen, wie es der Vater getan haben mag. Warum sonst wäre die „herzliche" Verständigung über die eigentlichen Bedeutungen mit dem Vater vor Jahrzehnten zusammengebrochen oder eingeschränkt worden? Kurz, wir, die Leser sind die idealen Partner in einer Übertragungssituation, in die der Autor uns unversehens versetzt hat. Daß der Verfasser dieses Verfahren in Gang setzt, ist nur deshalb zu verstehen, weil ja (von ihm) „alles vergessen worden war" und nach Verarbeitung drängt. Der „Tod" des Vaters, der die Beziehung zu ihm beendete, ist sicher nicht nur der physische Tod, sondern, wie im „Waldgänger", das Ende des Einflusses, den der Vater normalerweise auf den Sohn, auch indirekt über seine Einstellungen, Wertschätzungen und Haltungen, ausübt.

Die Rahmenhandlung geht also auf die komplizierten motivationspsychologischen Prozesse ein, die sich im Leser (der verwirrenderweise in diesem Fall der Ich-Erzähler ist) bei der Rezeption von Dichtung abspielen: „Des andern und die folgenden Morgen saß ich nun manche Stunde in der braunen Stube, und las und grübelte in dem alten Buche, wie einst der Vater" (S. 435).

Die Lektüre hilft ihm, sein ungelöstes problematisches Verhältnis zum Vater zu verarbeiten. Der Vater wird dabei auch als Vorbild seines eigenen literarischen Interesses wieder bewußt.

Interpretiert der Rahmen der Mappe die Rezeption von Dichtung, so ihr Kern die Produktion. Die Zielvorstellung des Urgroßvaters bei seiner Niederschrift ist in der Studienmappe in einem ganz kurzen eigenen Kapitel zusammengefaßt, wohl um ihr besondere Bedeutung zu verleihen. Es trägt die Überschrift „Das Gelöbnis" und beginnt mit den Worten auf dem Vorsatzblatt der aufgefundenen Mappe: „Vor Gott und meiner Seele verspreche ich hier einsam und allein daß ich nicht falsch sein will in diesen Schriften und Dinge machen, die nicht sind, sondern, daß ich es lauter schöpfe, wie es gewesen ist, oder wie es mir mein Sinn, wenn er irrig war, gezeigt hat" (S. 437). Dieser Wortlaut erinnert an die Verhaltensgrundregel bei der psychoanalytischen Arbeit, sowie an die Instruktionen von Assoziationstests, und schließlich an die methodischen Grundsätze der wissenschaftlichen Geschichtsschreibung, eine strikte Scheidung vorgefundener Fakten von Interpretationen zu wahren. Diese Grundregel hat der Doktor vom Obrist übernommen, der ihm sagt, die Technik „besteht darin, daß einer sein gegenwärtiges Leben, das ist, alle Gedanken und Begebnisse, wie sie eben kommen, aufschreibt" (S. 456).

Unmittelbarer Anlaß für die Anlegung der Mappe ist beim Doktor wie beim Obrist eine Autoaggression. Mit Absicht hat Stifter sein Mittel von einem Soldaten ausprobieren lassen. Es soll ja dazu beitragen, Feindseligkeiten zu bewältigen, deren organisierte Form der Krieg ist: „... so wurde ich widerstreitender Weise mitten im Kriege und Blutvergießen ein sanfterer Mensch." Der Obrist wird zugleich auch ein Christ, was Stifter nur andeutet, nicht ausspricht. Er setzt mit letzter Konsequenz sein Leben ein, um tausend Feinden ihr Leben zu retten. Dieser erfolgreiche Akt der Nächstenliebe erhält durch die mehrfache Erwähnung der Symbolzahl einen biblischen Anstrich.

Wie weit und wie tief geht nun die Analyse? Zunächst einmal bewirkt sie eine Katharsis, die dem Autor Entlastung bringt. Auch eine gewisse Einsicht kommt zustande durch die Relativierung, die die drängenden Bedürfnisse des Verfassers erfahren. Das geschieht durch ihren Vergleich in den verschiedenen Lebensphasen. Ebenso schrieb ja Stifter selbst die „Mappe" in den verschiedenen Lebensaltern immer wieder neu. Was die Erlebnisse und Dinge dem Verfasser eigentlich, emotional bedeuten, wird ihm freilich nicht völlig klar, weil es zu einer regelrechten Motivationsanalyse noch nicht kommt. So kann es denn auch einen echten Aufhebungseffekt nicht geben; etwas Repressives haftet dem Obrist auch im Alter noch an, obwohl weniger als den anderen selbstbeherrschten alten Herren (dem Freiherrn im „Julius" und dem im „Hochwald", dem Vater im „Alten Siegel"). Wirklich gelassen ist er nicht, so wenig, wie es der Autor selbst gewesen sein dürfte. Die Spannungen, unter denen er stand, als er jung war, sind seit der Anwendung seines Mittels nicht völlig abgebaut, sie sind eher einem elegischen Stoizismus gewichen. Er ist aber frei von unkontrollierten Affekten, und darum geht es dem Dichter. Damit ist etwas über den Wirkungsgrad gesagt, den die Produktion und Rezeption von Dichtung in therapeutischer Hinsicht haben mag. Größer soll er wohl nach dem Willen der Dichter, nicht nur Stifters, nicht sein. Der Dichter will ja produktiv bleiben, will sein Schreiben nicht überflüssig machen, er ist auf seine Motivation in dieser Hinsicht angewiesen. Diese besondere psychische Situation der Dichter beschreiben A. Warren und R. Wellek treffend: „Die meisten Dichter haben sich von der Verschreibung an einen orthodoxen Freudianismus oder, wo sie in einigen Fällen begonnen wurde, von der Durchführung ihrer psychoanalytischen Behandlung zurückgezogen. Die meisten wollten nicht 'geheilt' oder 'angepaßt' werden, entweder in dem Gedanken, daß sie, würden sie sich anpassen, zu schreiben aufhörten, oder daß die beabsichtigte Heilung eine Anpassung an eine Normalität oder an eine gesellschaftliche Umwelt vorsah, die sie als philisterhaft oder bürgerlich ablehnten" (34, S. 90).

4 ZUSAMMENFASSUNG

Ziel der Untersuchung war es, die Erzählungen Stifters als einen Versuch zu erweisen, dem Leben mit künstlerischen Mitteln gegen erhebliche Zweifel eine sinnvolle Bedeutung zu verleihen. Im ersten Hauptteil wurden Furcht und Hoffnung bei dem Bemühen um Sinngebung als Variable des Widerspiegelungsprozesses betrachtet, in dem das Substrat und die Bedeutungsgehalte zur werkimmanenten Realität verarbeitet werden. Dabei konnte eine feste Zuordnung von Ungeborgenheitsangst und Darstellungen des Familienlebens und des Liebeserlebens erwiesen werden, die im Werk eine entsprechende emotionale Färbung erhalten. Der Nachweis dafür stützte sich auf Auszüge aus dem „Abdias" (Verhältnis zu Deborrah, Blutrauschszene, väterliche Erziehung), auf den Bruderzwist des sanften Obrists, auf den „Prokop" (Eheproblem) und auf den „Waldgänger". Nachweise für den Bereich des Liebeserlebens und der Partnerwahl boten die „Feldblumen" und die „Mappe".

In einem schmalen Bereich des Familienlebens bleiben Anpassungserfolge in den Erzählungen möglich, so in der Familienidylle der Fichtau und in der Elternfamilie der „Mappe". Voraussetzung ist stets die Unterdrückung der Ödipuskonstellation und der Mutterfixierung durch Ausfallen der Mutter. Sonst gelingt dem Autor eine konfliktfreie Familiendarstellung nur unter Zuhilfenahme der Adoption. Als Quelle hierfür dienten bei unseren Nachweisen „Katzensilber" und „Waldbrunnen" (die „wilden Mädchen"). Stifters Einstellung zur Adoption war, wie wahrscheinlich die seiner Zeit, ambivalent. Die Hauptquelle, aus der wir etwas über seine Vorbehalte erfahren, ist wiederum der „Waldgänger". Diese dürften durch seine Erfahrungen mit dem Stiefvater genährt worden sein. Ohne Vorbehalte hat Stifter die passive Adoption als Wunscherfüllungsphantasie behandelt im „Julius", in der Fichtau-Idylle der „Narrenburg", im „Hagestolz", vor allem aber in der „Mappe" (Obrist als Ersatzvater), wo sich die Verteilung der Vaterpartialrollen – Vorbild, Rivale, Inhaber der Disziplinargewalt – auf verschiedene Personen als der eigentliche Vorzug solcher Familienkonstruktion erweist.

Der Zeitverlauf ist ein weiterer bevorzugter Bereich, in dem der Mensch in den Erzählungen zum Bedeutungsträger wird. Entgegen dem ersten Anschein ist in der „Narrenburg", dem düsteren Gemälde sinnlosen geschichtlichen Waltens, mehr noch aber in der „Mappe", der Versuch gemacht, Figuren darzustellen, die sich in der Tradition geborgen fühlen, nachdem sie sich die Erscheinungen der Tradition als Ästheten verfügbar gemacht haben. Im Ganzen ist aber die Vergangenheit und die Zukunft ein bevorzugtes Feld furchtsamer und verzweifelter Affektübertragungen. Die journalistische Arbeit „Ein Gang durch die Katakomben" (1844), die Darstellung der Narrenburg, das Philosophem und die Historiographiekritik Jodoks und des Doktors sind hierfür – neben dem häufigen und ausgebreiteten Trümmer-Motiv-Belege.

Darstellungen des Todes sind in den Erzählungen bevorzugte Angstauslöser. Im „Julius" stellt Stifter noch offen die kausale Verknüpfung der Ungeborgenheit in der (eigenen) Familie mit dem physischen Tod dar. Der „Gang durch die Katakomben", der „Tod einer Jungfrau", der Tod der Frau des Obrists zeigen den Autor bei dem Versuch, einer nihilistischen Deutung des Todes zu entgehen. Der Wagen, die vornehme Kleidung als untaugliche Versuche der Menschen, den Tod vergessen zu machen, der Schlaf und das Wiedererwachen nach dem Ende der Herrschaft der Nacht und der Gestirne als ein Zeichen der Regenerationsfähigkeit des Lebendigen sind im ganzen Werk zu verfolgende Zeichen der literarischen Auseinandersetzung mit dem Todesproblem.

Stifter gilt weithin nur als Landschaftsdarsteller von Rang. Die Landschaften sind Bedeutungsträger der Reproduktionsfähigkeit der Natur (als Widerpart des natürlichen Todes, und im „Hochwald" und „Hagestolz", des Todes einer Kultur), darüber hinaus auch der Geborgenheit in der Heimat, in der Liebe. Hauptquelle für diese Funktion der Landschaftsdarstellung, wie Stifter selbst sie durchschaute, ist der Anfang des „Waldgänger".

Den erklärten Gegensatz zur belebten Natur bildet in den Erzählungen, besonders den „Bunten Steinen", die unbelebte Natur. Beispiele dafür sind die Selbstmordstelle der „Mappe" und die Raumfahrt des Condor. Das traumatische Bildungserlebnis an den naturwissenschaftlichen Erkenntnissen wird zu dieser Darstellungsweise beigetragen haben. Zunächst wird noch die kosmische „kalte" Natur extraterrestrisch dargestellt, später wird die Ungeborgenheitsangst auf die unbelebten Partien der Erde übertragen. Nicht immer sind sie Träger der Katastrophendrohung. Victor im Hagestolz und der Karpfarrer reifen an ihnen.

Im dritten Hauptteil werden die literarischen Darstellungen menschlichen Abwehrverhaltens an den Figuren der Erzählungen untersucht. Die Abwehr setzt dort ein, wo das menschliche Erleben sinnlos und unerträglich zu werden droht. Unterschieden werden Abwehrhandlungen, die die Außenwelt und solche, die die eigenen Motive zu verändern suchen.

Das wichtigste Verfahren der Abwehr in Stifters Erzählungen ist die Leugnung, die wir in der bevorzugten Darstellung der „unschuldigen Natur" ebenso erblicken können wie in der Idealisierung der Liebesobjekte. Die erzählerische Eigenart, daß Wichtige, wenn es unangenehm ist, auszusparen, entspringt gleichfalls dieser Verarbeitungstechnik. Ähnlich idealisierend wirkt sich die Verkehrung ins Gegenteil aus, die den Tenor der programmatischen Vorrede zu den „Bunten Steinen" bestimmt.

Zu den wichtigsten Formen der Abwehr durch Einwirkung auf Bedürfnisse gehört die Verdrängung, im Alltag ebenso, wie in den Erzählungen unseres Dichters. Stifter hat seine Psychologie, in der die Verdrängung eine wichtige Rolle spielt, in der Erzählung „Zuversicht" dargelegt. Der Tiger steht darin als Symbol für unterdrückte feindselige Bedürfnisse, für die Nachtseite des Menschen. – Im ganzen Erzählwerk sind die Kinder Repräsentanten der Lebensbewältigung durch Verdrängung. Neben ihnen stehen die Jünglinge, Jungfrauen und die alten Freiherrn.

Die Verarbeitung autistischer und aggressiver Neigungen durch Verkehrung in altruistische Handlungen ist sowohl in Stifters eigenem Berufsleben wie in seinen Werken, etwa bei der Berufsausübung des Eustachius oder des Karpfarrers, beobachtbar. Die Wendung ursprünglich gegen andere gerichteter feindseliger Motive und Handlungen gegen sich selbst begegnet uns in dem viele Erzählungen durchziehenden Selbstmordproblem.

Als Sublimierung stellt Stifter selbst seine künstlerischen Neigungen in den „Feldblumen" dar. – Eine Lebensgeschichte, die ganz unter dem Gesetz dieser Verarbeitungsform und daneben unter dem der altruistischen Wendung steht, ist die Erzählung vom Pfarrer im „Kalkstein". Zwangshandlungen zur Bewältigung von inzestuösen Gewissenskonflikten stehen im Mittelpunkt der beiden Alterserzählungen „Kuß von Sentze" und „Frommer Spruch".

Schließlich ist die psychische Funktion der Dichtung Gegenstand von Stifters Erzählungen gewesen. Die Reflexion über die eigene zentrale Form der Lebensbewältigung beherrscht alle Fassungen der „Mappe".

LITERATURVERZEICHNIS

1   Zitiert wird nach der von Max Stefl besorgten Ausgabe von Stifters Werken, Augsburg: Adam Kraft 1950 ff. Sigle für die Urfassung: Urf

2   Julius. Eine Erzählung. Erstausgabe nach der Handschrift. Mit einer Einführung von Franz Hüller. Augsburg: Adam Kraft 1950

3   Adalbert Stifters Leben und Werk in Briefen und Dokumenten. Hrsg. v. Kurt Gerhard Fischer, Frankfurt: Insel 1962

4   Adalbert Stifters Jugendbriefe (1822-1839) in ursprünglicher Fassung aus dem Nachlaß hrsg. v. Gustav Wilhelm, ergänzt und mit einer Einl. versehen von Moriz Enzinger. Graz, Wien, München: Stiasny, Nürnberg: Hans Carl 1954 (Schriftenreihe des Adalbert-Stifter-Instituts)

5   Berg, Steffen P.   Grundriss der gerichtlichen Medizin, München 1967

6   Bertram, Ernst   Studien zu Adalbert Stifters Novellentechnik, Dortmund 1907

7   Blumenthal, Hermann   „Adalbert Stifters Verhältnis zur Geschichte" (Teildruck der Arbeit: Adalbert Stifters ,Witiko'. Der Dichter und die Geschichte. Diss. Hamburg 1931). In: Euphorion 34 (1933), S. 72-110

8   Commenda, Hans   „Franz Stelzhamer und Adalbert Stifter". In: AstI. Vjs 1 (1952), S. 49-68

9   Enzinger, Moriz   Adalbert Stifters Studienjahre (1818-1830) Innsbruck, Augsburg 1950

10 Derselbe   „Zu Adalbert Stifters Erzählung ,Der Kuß von Sentze' ". In: Österr. Akademie der Wissenschaften. Phil.-hist. Klasse. Anzeiger 88 (1951), S. 374-387

11 Fischer, Kurt Gerhard   Adalbert Stifter. Psychologische Beiträge zur Biographie. Linz 1961 (Schriftenreihe des Adalbert Stifter-Instituts 16) (AStI. Vjs 10,1/2)

12 Derselbe   „Führen und Wachsenlassen. Ein Deutungsversuch von Stifters Erzählung ,Zwei Witwen' ". In: Festschrift Moriz Enzinger, Linz 1961 (AstI. Vjs 10, 3/4) S. 161-169

13	Freud, Anna	Das Ich und die Abwehrmechanismen. München 1964 (Kindler-Taschenbuch-Reihe „Geist und Psyche")
14	Freud, Sigmund	Totem und Tabu. Frankfurt 1956 (Fischer-Taschenbuch)
15	Gansberg, Marie-Luise	Der Prosawortschatz des deutschen Realismus. Bonn 1964
16	Gugitz, Gustav	„Das Geheimnis um Amalie". In:AStI. Vjs 2 (1953), S. 94-101
17	Hankamer, Paul	„Adalbert Stifter: ‚Bergkristall'." In: Aus Theologie und Philosophie. Festschrift Fritz Tillmann. Hrsg. von Theodor Steinbüchel und Theodor Müncker. Düsseldorf 1950, S. 84-99
18	Hein, Alois Raimund	Adalbert Stifter. Sein Leben und seine Werke. 2. Aufl. hrsg. und mit einer Einf. versehen von Walter Krieg. Anm. von Otto Jungmair. Wien, Bad Bocklet, Zürich 1952
19	Hüller, Franz	Einführung in die Erzählung „Julius". In: Adalbert Stifter, Julius. Eine Erzählung. Erstausgabe nach der Handschrift. Augsburg 1950, S. 51-92
20	Kaiser, Michael	„Stifters Dichtung als Quelle für die Erforschung seiner Kindheit und Jugend." In: Forschungen zur Restaurationszeit. Festschrift Friedrich Sengle. Hrsg. von Manfred Windfuhr und Jost Hermand. Stuttgart 1970
21	Derselbe	Literatursoziologische Studien zu Gottfried Kellers Dichtung. Bonn 1968[2]
22	Kohlschmidt, Werner	„Leben und Tod in Stifters ‚Studien'." In: Dichtung und Volkstum 36 (1935), S. 210-230
23	Leuner, Hanscarl	„Das Landschaftsbild als Metapher dynamischer Strukturen." In: Der Arzt im Raum des Erlebens. 1968, S. 49-59
23a	Derselbe	„Experimentelles, katathymes Bilderleben als ein klinisches Verfahren der Psychotherapie." In: Psychotherapie med. Psychol. 5,185 (1955)
24	Lorenz, Konrad	Das sogenannte Böse. Zur Naturgeschichte der Aggressionen. Wien 1963
25	Lunding, Eric	„Probleme und Ergebnisse der Stifterforschung 1945-1954." In: Euphorion 49 (1955)

26	McClelland, David C.	„Der französische Nationalcharakter und das Leben und Werk von André Gide." In: Motivation und Kultur, Bern 1967, S. 132-161
27	Rehm, Walter	„Stifters Erzählung ‚Der Waldgänger' als Dichtung der Reue." In: Symposion 3 (1955), S. 349-366, Wiederabdruck in: Rehm, Begegnungen und Probleme. Studien zur deutschen Literaturgeschichte. Bern 1957, S. 317-345
28	Rey, W. H.	„Das kosmische Erschrecken in Stifters Frühwerk." In: Sammlung 8 (1953), S. 6-13
29	Roedl, Urban	Adalbert Stifter in Selbstzeugnissen und Bilddokumenten. Reinbek 1965 (Rowohlt-Bildmonographie)
30	Sengle, Friedrich	„Voraussetzungen und Erscheinungsformen der Restaurationsliteratur." In: Arbeiten zur deutschen Literatur 1750-1850. Stuttgart 1965, S. 118-154
31	Stopp, Frederick	„Die Symbolik in Stifters ‚Bunten Steinen'. In: DVjs 28 (1954), S. 165-193
32	Thalmann, Marianne	„Adalbert Stifters Raumerlebnis." In: Monatshefte für deutschen Unterricht 38 (1946), S. 103-111
33	Utz, Hans	„Das Bild in der Dichtung Adalbert Stifters." Diss. Masch. Würzburg 1948. Teilabdruck in: AStI. Vjs 5 (1956), S. 80-90; 6 (1957), S. 7-20
34	Warren, A., Wellek, R.	Theorie der Literatur, Bad Homburg 1959
35	Weidinger, Rosemarie	„Adalbert Stifter und die Naturwissenschaft." In: AStI. Vjs. Bd. 3 (1954)
36	v. Wiese, Benno	„Adalbert Stifter, Brigitta." In: Die deutsche Novelle von Goethe bis Kafka. Interpretationen. Bd. I Düsseldorf 1966, S. 196-212; 347
37	Windfuhr, Manfred	Die barocke Bildlichkeit und ihre Kritiker. Stuttgart 1966
38	Wodtke, Friedr. Wilh.	„Mensch und Schicksal in Adalbert Stifters frühen ‚Studien'." In: Wirkendes Wort 12 (1962), S. 12-28
39	Wyss, Dieter	Die tiefenpsychologischen Schulen von den Anfängen bis zur Gegenwart. Göttingen 1966[2]
40	Vancsa, Kurt	„Stifter im Zwielicht." In: AStI. Vjs 7 (1958)
41	Kreuzer, Helmut	„Trivialliteratur als Forschungsproblem", In: DVjs 41 (1967), S. 173-191